# Meu pai, Meu herói!

Universo dos Livros Editora Ltda.
Rua Haddock Lobo, 347 – 12º andar • Cerqueira César
CEP 01414-001 • São Paulo/SP
Telefone: (11) 3217-2603 • Fax: (11) 3217-2616
www.universodoslivros.com.br
e-mail: editor@universodoslivros.com.br
Siga-nos no Twitter: @univdoslivros

IAN BRUCE

# Meu pai, Meu herói!

São Paulo
2011

**UNIVERSO DOS LIVROS**

*How to be a great dad*
Copyright © 2005 Ian Bruce
Publicado em acordo com Foulsham The Publishing House

**© 2011 by Universo dos Livros**
Todos os direitos reservados e protegidos pela Lei 9.610 de 19/02/1998. Nenhuma parte deste livro, sem autorização prévia por escrito da editora, poderá ser reproduzida ou transmitida sejam quais forem os meios empregados: eletrônicos, mecânicos, fotográficos, gravação ou quaisquer outros.

Diretor-Editorial: **Luis Matos**
Assistente-Editorial: **Noele Rossi** e **Talita Gnidarchichi**
Tradução: **Juliano Olimpio dos Anjos**
Preparação: **Juliana Mendes**
Revisão: **Letícia Vendrame**
Arte: **Stephanie Lin**
Capa: **Zuleika Iamashita**

Dados Internacionais de Catalogação na Publicação (CIP)
(Câmara Brasileira do Livro, SP, Brasil)

B887m    Bruce, Ian.

      Meu pai, meu herói / Ian Bruce ; [tradução de Juliano Olimpio dos Anjos ]. – São Paulo : Universo dos Livros, 2011
      280 p.

      Tradução de: How to be a great dad

      ISBN 978-85-7930-249-7

      1. Auto-ajuda. 2. Relacionamentos. 3. Pais e filhos.
I. Título.

CDD 306.8742 22

# Prefácio

Ser pai é o trabalho mais difícil do mundo. Ser um "grande" pai parece, portanto, ser impossível!

Mas ao escrever *Meu pai. Meu herói,* Ian Bruce não só nos deu uma visão séria e muito abrangente sobre o que é ser pai no início do século XXI, mas também o fez de uma forma muito acessível.

Ian evitou as armadilhas dos jargões e da "piscobaboseira", mas, pelo uso da linguagem cotidiana, conseguiu transformar ideias complexas em planos de ação práticos que os pais conseguirão incorporar ao dia a dia da paternidade.

Ao desmistificar a ideia da "paternidade" e simplesmente afirmar que ser um grande pai é um conjunto de habilidades que podem ser aprendidas, Ian dá esperança a todos nós, pais, que viemos simplesmente sobrevivendo de alguma maneira.

Como um homem, pai por mais ou menos 34 anos agora e psicólogo clínico familiar e infantil há quase vinte anos, recomendo este livro ao pai experiente, ao pai de primeira viagem e, certamente, a alguém que espera ser pai um dia.

*Dr. Alan Bradley*
Psicólogo clínico

# SUMÁRIO

Introdução ..................................... 9
Capítulo 1: O que é ser um grande pai? ..................... 12
Capítulo 2: Tudo começa com um "positivo" ............. 24
Capítulo 3: A sua missão do dia D ................. 37
Capítulo 4: As primeiras duas semanas ...................... 50
Capítulo 5: Seu papel como um grande pai ............... 63
Capítulo 6: Arranjando tempo para a paternidade ..... 74
Capítulo 7: Saúde física ................. 89
Capítulo 8: Saúde psicológica ..................... 101
Capítulo 9: Educação ..................... 116
Capítulo 10: Recreação ..................... 130
Capítulo 11: Disciplina ..................... 144
Capítulo 12: Dinheiro ..................... 156
Capítulo 13: Desavenças ..................... 169
Capítulo 14: Sexualidade ..................... 183
Capítulo 15: Incentivando uma visão
de mundo capacitadora ..................... 195
Capítulo 16: Sendo um grande
pai para um adulto ..................... 208
Capítulo 17: Vamos falar sobre você ..................... 219
Capítulo 18: O kit de primeiros
socorros do grande pai ..................... 231
Capítulo 19: Vivendo separados ..................... 243
Capítulo 20: Lidando com necessidades especiais ... 250
Capítulo 21: Aborto natural e natimorto ..................... 261
Posfácio ..................... 266

# Introdução

Sejamos sinceros desde o início: a maioria dos homens odeia a mediocridade. Somos animais competitivos. Ficamos muito satisfeitos ao fazer coisas maiores, melhores, de forma mais eficiente e eficaz com mais entusiasmo. Fomos feitos assim. E estamos gratos por isso. Esse desejo básico de ser grande, em vez de se contentar com a mediocridade, deu-nos tanto que temos orgulho do mundo moderno. Ele nos deu a revolução industrial, fez o homem pisar na Lua e voar de Londres a Nova Iorque em seis horas. Ele nos deu o sucesso no esporte, nas artes e nos negócios em todo o mundo.

E agora esse mesmo dispositivo interno nos incita a sermos grandes pais.

No século passado, a ideia de ser um grande pai teria soado estranha para a maioria dos homens. Naquela época, o papel do pai envolvia pouco mais do que ser um chefe de família e disciplinador. Enquanto estivesse colocando o pão de cada dia dentro de casa e repreendendo severamente os filhos quando eles exageravam, o pai podia passar o resto do tempo escondido no seu escritório particular e ainda ser considerado um pai excelente.

Mas os tempos mudaram, e o nosso papel como pai de hoje é muito diferente do que costumava ser antigamente. A paternidade no século XXI envolve não só levar o pão para casa e ser severo quando apropriado, mas muitas outras coisas que já foram consideradas domínio primário das mulheres. O pai moderno deve ser capaz de cobrir todas as bases, atuando como treinador, conselheiro de carreira, educador, incentivador, animador, gerente, motivador, enfermeiro, nutricionista, oficial de segurança... E a lista continua.

Esse papel muito mais amplo de ser pai no mundo moderno é tremendamente excitante. Ele nos dá a chance de estarmos muito mais envolvidos com nossos filhos do que em qualquer outro momento da história. Mas, ao mesmo tempo, ele também pode ser muito exigente – especialmente se quisermos fazer um ótimo trabalho em vez de apenas fazer aquele trabalho mediano.

Como ser um grande pai é nosso grande desafio. Este livro é um guia completo para ser um ótimo pai para seu filho ou sua filha – desde o momento da concepção até a vida adulta. Naturalmente, a sua jornada como pai ainda terá seus altos e baixos, e você ainda cometerá alguns erros, mas utilizar este guia vai ajudá-lo a garantir que sua atitude predominante seja a da grandeza.

Grandeza é um nível alto de habilidade que é adquirida por meio de uma combinação de educação e experiência. Para se tornar um grande piloto, você precisa saber a teoria da condução e também passar muito tempo ao volante colocando o conhecimento teórico em prática. O mesmo se aplica à paternidade. Para se tornar um grande pai, você não só precisa saber a teoria de ser um grande pai, mas também precisa passar um tempo aplicando esse conhecimento teórico às relações com os seus filhos.

Este livro vai proporcionar a educação vital de que você precisa para se tornar um grande pai, mas só você pode pegar as informações contidas nele e utilizá-las para se tornar um grande pai na realidade. Ler este livro poderá entretê-lo por algumas horas – e espero que isso aconteça –, mas se você realmente se empenhar em aplicar o que aprendeu ao relacionamento diário com os seus filhos, então a realidade de ser um grande pai será algo que você conseguirá desfrutar pela vida inteira.

Aproveite a viagem!

# Capítulo 1
# O que é ser um grande pai?

Ser um ótimo pai é um objetivo alcançável, como ser um grande empresário, amante ou golfista. Quanto mais você se esforçar para atingir esse objetivo, melhor você vai ser. E a melhor parte é que não importa quão bom você já seja, há sempre espaço para melhorias.

Já ser perfeito não é uma meta viável, pois não importa o quanto você tente, você nunca vai chegar a um ponto em que possa se sentar e dizer "eu sou perfeito". Para ser perfeito, você teria que conseguir agradar a todas as pessoas, o tempo todo, e viver o resto de sua vida sem cometer um único erro, e isso é impossível. Então esqueça agora qualquer suposição de que este livro requer que você seja perfeito, porque isso não acontece. Ele só exige que você seja ótimo. O que nos leva à questão realmente importante: *O que exatamente significa ser um grande pai?*

## Principais características da grandeza paternal

Realizei uma série de enquetes e posso dizer que existem centenas de respostas possíveis a essa questão, mas quase todas elas podem ser agrupadas no que eu chamo de oito características essenciais da grandeza paternal.

## Característica 1: O grande pai dá amor incondicional

O grande pai é aquele que ama seus filhos incondicionalmente. Isso significa o tempo todo, independentemente do que aconteça. Ele ama seus filhos quando eles estão se comportando bem e mal. Ama quando eles vomitam no banco traseiro do carro novinho em folha. Ama quando eles derramam leite no teclado do computador. Ama quando eles pegam sua camisa mais cara para limpar a sujeira que fizeram. Ama quando eles cometem erros na adolescência, quando saem mais caro do que ele esperava e quando eles falam que não concordam com sua opinião.

O grande pai ama seus filhos – ponto final.

É claro que isso não significa que o grande pai nunca se zanga com os filhos ou nunca se frustra com o comportamento deles, porque, na verdade, ele se zanga e se frustra. Mas não importa o quanto suas emoções flutuem, seu amor fundamental pelos filhos nunca vacila. É sólido, inabalável e incondicional.

## Característica 2: O grande pai fala abertamente

O grande pai se comunica abertamente com seus filhos. Ele pergunta o que eles estão sentindo e os encoraja a falar sobre os problemas e desafios pelos quais estão passando, bem como sobre os sucessos e as realizações. Ele ouve com atenção para ter certeza de que compreendeu o ponto de vista deles e respeita esse ponto de vista, mesmo se for diferente do seu.

Além de ouvir, o grande pai fala. Ele não espera que seus filhos simplesmente saibam que ele os ama, ele diz que os ama. Ao pedir que seus filhos façam algo ou ao recusar um pedido deles, ele explica por que o fez. Isso não ocorre porque ele necessariamente precisa justificar seu ponto de vista, mas porque ele quer que eles entendam que – embora eles possam não gostar de sua abordagem em curto prazo – ele tem em mente o melhor para eles em longo prazo.

Ele reconhece que a comunicação aberta é uma via de mão dupla e está disposto a compartilhar seu ponto de vista com seus filhos de uma forma adequada.

### Característica 3: O grande pai passa um tempo com seus filhos

Bons pais são pais doadores, mas somente os ótimos pais percebem que o tempo é o melhor presente de todos. O grande pai entende que precisa ceder um pouco do seu tempo e da sua atenção aos filhos para que sua relação com eles possa crescer e florescer. Se esse tempo e essa atenção essenciais não forem concedidos, então o relacionamento vai murchar e morrer.

Alguns pais tentam "comprar" seus filhos, dando dinheiro, brinquedos, roupas, viagens e assim por diante, em vez de seu tempo – mas tudo isso só faz esses pais sentirem-se um pouco menos culpados. Nada dessa doação de itens tangíveis significará algo se o presente essencial – tempo e atenção – não for dado.

Agora, é óbvio que a maioria de nós leva uma vida agitada. Temos responsabilidades profissionais, responsabilidades pessoais e uma miríade de obrigações que exige grandes partes do nosso tempo. Ótimos pais são tão ocupados como qualquer outra pessoa, mas eles ainda encontram tempo para os seus filhos.

A principal marca de um grande pai nessa área é que ele torna seus filhos uma prioridade em sua vida. Ele cronograma "tempo regular com os filhos" na agenda – e, em seguida, cumpre com a agenda como se a própria vida dependesse disso.

## Característica 4: O grande pai é paciente

Ótimos pais são pais pacientes. Eles percebem que todos os filhos cometem erros, por isso não perdem as estribeiras sempre que essa verdade vem à tona na vida diária. Em vez disso, eles dão a seus filhos o tempo necessário para aprender e crescer ao mesmo tempo que oferecem todo o apoio e encorajamento.

Você pode pensar que esse tipo de paciência significa que você terá de esperar muito mais tempo para o seu filho completar uma tarefa, mas geralmente o que ocorre é o oposto. A maioria dos filhos comete mais erros quando faz algo rápido por causa de um pai impaciente do que quando eles têm o tempo necessário para fazer as coisas em seu próprio ritmo. Paradoxalmente, ser paciente pode, portanto, poupar mais tempo do que ser impaciente – e mesmo se não o fizer, certamente terá um impacto positivo sobre o seu filho.

### Característica 5: O grande pai dá o bom exemplo

Quer goste ou não, você é a primeira pessoa queç seus filhos vão olhar como um modelo do que uma pessoa deve ser no mundo. Isso coloca uma enorme responsabilidade em seus ombros, porque a maneira como você fala, a maneira como se comporta e as coisas que faz terão um impacto drástico sobre a forma como os seus filhos vão se desenvolver.

Tudo isso significa que você precisa definir o tipo de exemplo que o fará feliz ao ver seus filhos seguindo no futuro. Em outras palavras, se não quer que eles fiquem viciados em televisão, você não deve passar seis horas toda noite assistindo à TV. E se quer que eles aprendam a comer legumes e verduras, você tem de fazer isso também. Infelizmente, batata frita não conta.

Outra razão importante pela qual é necessário estabelecer um ótimo exemplo é que todos os filhos odeiam hipocrisia. Se houver alguma incongruência entre o que você diz e o que você faz, não resta dúvida de que eles vão prestar mais atenção ao que você faz. É por isso que os ótimos pais ganham pontos ao liderar pelo exemplo e permitir que suas ações falem por si só.

### Característica 6: O grande pai sabe como se divertir

A prioridade para a maioria dos filhos é se divertir o máximo possível a cada dia. Isso significa que eles se relacionam bem com outras pessoas que sabem como se divertir. Se conseguir ser uma dessas pessoas, você verá que seu relacionamento com seus filhos vai florescer e que eles vão vê-lo como um ser humano comum, não apenas como um "pai".

É claro que a sua ideia e a ideia dos seus filhos de diversão provavelmente sejam duas coisas diferentes. Para você, o divertimento pode significar uma partida de futebol ou assistir ao último filme do Vin Diesel. Mas, para os seus filhos, é mais provável que se divertir signifique jogar no computador, empinar pipa ou nadar em uma manhã de sábado.

A ideia aqui não é você se divertir fazendo uma coisa enquanto os seus filhos se divertem fazendo outra, mas você se juntar aos seus filhos e fazer o que eles gostam. Isso pode significar que você tenha que nadar em vez de jogar futebol numa manhã de sábado, ou jogar videogame à noite depois do trabalho em vez de ler o jornal – mas se você fizer esses pequenos ajustes, seus filhos vão apreciá-lo mais do que nunca.

Obviamente, quando fizer qualquer uma dessas coisas, você realmente terá de entrar de cabeça. Os filhos são criaturas entusiasmadas, e se você não conseguir ser igualmente entusiasmado ao se divertir com eles, acabará deixando-os infelizes, sem contar que também se sentirá infeliz. Portanto, separe uma ou duas horas para se divertir, esqueça o que você poderia estar fazendo em outros lugares e se concentre em aproveitar a atividade. Ao fazer isso, você proporcionará a seus filhos algumas ótimas memórias as quais eles vão relembrar um dia com muito carinho.

### Característica 7: O grande pai sustenta seus filhos

Seus filhos têm necessidades e, até que se tornem adultos, é sua responsabilidade satisfazer essas necessidades da melhor forma possível. Ótimos pais sabem disso e trabalham de forma árdua e eficaz para garantir que consigam sustentar seus filhos corretamente.

Observe que estamos falando de atender às necessidades. Isso não significa necessariamente dar a eles tudo o que querem. Por exemplo, seus filhos vão precisar de um par de tênis novo e de boa qualidade agora e no futuro, mas eles provavelmente não precisarão de um tênis de R$ 600,00 com uma listra dourada ao lado. Ajudar o seu filho a entender a diferença entre necessidades e desejos é parte de ser um ótimo pai, e também o é a vontade de atender às necessidades reais deles.

### Característica 8: O grande pai tem compromisso com a grandeza

A característica essencial final dos ótimos pais é que eles nunca se vangloriam de seus louros. Em nenhum momento eles se sentam e pensam: "Sou um ótimo pai. É isso aí. Meu trabalho está feito".

O ótimo pai tem um compromisso com a grandeza, não apenas na paternidade, mas em todas as outras áreas de sua vida. É parte do que ele é como ser humano. Ele enxerga cada dia como uma oportunidade totalmente nova de melhorar, de alguma forma, a si mesmo e a sua vida. Ele nunca se dá ao luxo de ser complacente.

Esse tipo de atitude é algo que os filhos pegam rapidamente. Se eles veem que você está comprometido com a grandeza, é bem possível que eles adotem essa mesma abordagem para a vida. Como você pode imaginar, isso terá um grande impacto sobre a forma como os filhos vão crescer e amadurecer, assim como sobre o que ele ou ela vão alcançar na vida. Portanto, comece com a responsabilidade e esteja comprometido com a grandeza.

Essas oito características essenciais da grandeza paternal não são absolutamente definitivas. Sem dúvida, há várias outras características que também poderiam ser incluídas. O que ser um grande pai significa para você pessoalmente? Ao pensar na expressão "ótimo pai", que tipo de sentimentos, imagens e ideias ela sugere para você? Se você achar que tem ideias não abrangidas por qualquer uma das oito características essenciais descritas, crie suas próprias características essenciais que atendam a sua própria definição. Então, ao criar uma lista de características essenciais com as quais você se sente confortável, comece a vivê-las.

Muitas das ideias abordadas neste livro serão discutidas em mais detalhes posteriormente – mas, por enquanto, dê o primeiro passo. Comece a reforçar as características que você listou e em breve você notará a diferença que elas fazem na sua vida.

## Por que é essencial ser um grande pai?

Jamais gosto de focar o lado negativo da vida, mas, por alguns momentos, eu simplesmente preciso fazer isso a fim de abordar um ponto importante. Seus filhos vão crescer no que pode ser um mundo muito perigoso. Há pessoas neste mundo que acham normal um adolescente estar viciado em craque ou heroína; há outras que acham normal uma menina de quatorze anos ficar grávida; e também há pessoas que acham normal um menino de doze anos de idade começa a beber álcool regularmente. E a parte triste de tudo isso é que, em alguns círculos sociais, todas essas coisas são normais, ou, pelo menos, comuns o suficiente para serem consideradas normais.

Como proteger os nossos filhos em um mundo como este? Bem, há duas opções. Uma delas é desistir de trabalhar e fornecer serviços de guarda-costas 24 horas por dia até que os filhos estejam plenamente na maturidade. Infelizmente, essa opção não é realmente viável. Mesmo se fosse, eles iriam odiar a ideia, já que ela tiraria uma das coisas mais valiosas da vida: a liberdade. Então, isso nos deixa com a única outra opção: tornar-se um ótimo pai.

Se você for um ótimo pai e se dedicar às características descritas anteriormente, vai criar seus filhos e fazê-los ser confiantes, pensar nas coisas, aspirar à grandeza e estar dispostos a se comunicar com você abertamente sobre o que quiserem. Isso os torna menos propensos a seguir cegamente o exemplo ou os conselhos dos outros e, portanto, reduz as chances de eles agirem de forma autodestrutiva.

É claro que não estou dizendo que ser um grande pai é uma garantia absoluta de que os filhos nunca vão usar drogas, beber álcool ou engravidar enquanto forem menores de idade, porque a realidade é que todas essas coisas podem ocorrer independentemente das competências parentais. No entanto, afirmo que as chances de os filhos fazerem esses tipos de escolhas irracionais são muito menores quando aderimos aos princípios de ser um ótimo pai.

Sendo assim, o primeiro motivo pelo qual é essencial ser um grande pai é que isso reduz as chances de seus filhos se meterem em problemas mais tarde. Mas há também outra razão muito boa para se tornar um grande pai: é algo que faz você automaticamente se tornar um homem melhor.

Os princípios de se tornar um grande pai muitas vezes são princípios que trazem benefícios simultâneos a todas as outras áreas de nossas vidas. Por exemplo, aprender a sermos mais pacientes e comunicativos em nosso relacionamento com os filhos nos fará automaticamente começar a utilizar essas habilidades em outras relações importantes com a esposa, os amigos e os colegas. Da mesma forma, aprender a gerenciar o nosso tempo de forma mais eficaz para que possamos passar horas regulares com os nossos filhos é uma disciplina que nos tornará automaticamente mais eficazes no trabalho. E há muitas outras maneiras pelas quais nossos "hábitos de ótimos pais" terão um impacto benéfico sobre os aspectos não paternais de nossas vidas.

Decidir tornar-se um grande pai é, portanto, decidir tornar-se um grande homem em geral.

## Resumo do Capítulo 1

- Ser um grande pai não significa ser um pai perfeito.
- Há oito características essenciais da grandeza paternal:
    - 1: O grande pai dá amor incondicional.
    - 2: O grande pai fala abertamente.
    - 3: O grande pai passa um tempo com seus filhos.
    - 4: O grande pai é paciente.
    - 5: O grande pai dá o bom exemplo.
    - 6: O grande pai sabe como se divertir.
    - 7: O grande pai sustenta seus filhos.
    - 8: O grande pai tem compromisso com a grandeza do seu objetivo.
- Tornar-se um grande pai reduzirá as chances de seus filhos se meterem em problemas.
- Ser um grande pai vai automaticamente torná-lo um homem melhor.

# Capítulo 2
## Tudo começa com um "positivo"

A maioria dos homens pensa que o papel de ser um pai começa assim que o seu primeiro bebê nasce – mas eles estão enganados. O papel de ser um grande pai começa logo que você descobre que sua companheira está esperando um filho ou uma filha, e isso significa que tudo começa com um teste de gravidez positivo. Desse ponto em diante, você já é pai, então precisa saber o que fazer como pai entre hoje e o dia em que ele ou ela nascer. Lembrando que não é necessária uma relação estável e formal entre você e sua companheira para ser um pai participativo. Vamos começar examinando os estágios da gravidez e qual será o impacto de um filho no relacionamento com a sua companheira.

## Os trimestres

Para fins de discussão, a gravidez é geralmente dividida em três etapas principais, chamadas trimestres. O primeiro trimestre abrange aproximadamente as primeiras quatorze semanas de gravidez e, para muitas mulheres, é o mais desafiador. Isso porque o sistema físico passa por algumas mudanças drásticas à medida que ele se ajusta ao bebê crescendo dentro dele.

Durante esse primeiro trimestre, você pode esperar que sua companheira se sinta cansada, enjoada (isso deve terminar no final do trimestre), emocionalmente estressada e chorosa – tudo por causa das alterações hormonais que ocorrem. Ela também pode ter cólicas, prisão de ventre, hemorroidas e, em alguns casos, varizes. Além de tudo isso, os seios começam a aumentar e continuarão a fazê-lo (embora não a uma taxa uniforme) ao longo de toda a gravidez.

O segundo trimestre começa por volta da 15ª semana de gravidez e vai até a 27ª semana. Durante essa fase da gravidez, a sua companheira vai ganhar peso, e o abdômen dela vai se expandir para acomodar o bebê. Como o corpo dela tem mais peso para carregar, a sua esposa pode começar a sentir dores. Alguns sintomas que podem ter começado no primeiro trimestre, por exemplo, a constipação, podem continuar.

O lado bom de tudo isso é que o seu bebê provavelmente começará a chutar antes do final do segundo trimestre. Essa é geralmente uma ocasião muito feliz, porque é quando você e sua companheira realmente vão se dar conta de que ela está realmente esperando um filho. Sim, vocês já sabiam disso, mas intelectualmente. Entretanto, quando o bebê dá um pontapé – como se dissesse: "Ei, sou eu!" – a realidade da situação vai, de repente, bater à porta em um nível muito mais profundo.

O terceiro trimestre tem início na 28ª semana (aproximadamente) e vai até a 40ª semana, quando a sua companheira já pode esperar entrar em trabalho de parto e dar à luz. Ela continuará ficando cada vez maior à medida que o bebê cresce, e qualquer inchaço ou hemorroidas existentes podem piorar absurdamente. As idas ao banheiro também podem se tornar mais frequentes, e ela pode sentir falta de ar conforme o peso do bebê pressiona mais e mais os órgãos internos dela. Os seios da sua esposa vão provavelmente ficar mais sensíveis à medida que eles aumentarem mais rapidamente no final da gravidez. Ao término de dez semanas de gravidez, a sua esposa pode começar a sentir contrações uterinas irregulares conhecidas como contrações de Braxton Hicks. Tais contrações são a forma de o corpo adequar-se para quando chegar a hora e são perfeitamente normais, embora possam ser desconfortáveis.

Como você pode ver, a gravidez não é um piquenique. É claro que não são sempre más notícias o tempo todo e por todos os lados, mas entender todos esses "efeitos colaterais" negativos da gravidez vai ajudá-lo a exercitar mais a sua paciência durante esse período, por vezes, difícil. Se você precisar de um mantra para ajudá-lo, basta lembrar que a gravidez não dura para sempre – e você só está sofrendo os sintomas indiretamente.

## Entendendo pelo que a sua companheira está passando

Às vezes, os homens se queixam de que não conseguem entender por que as mulheres se queixam tanto durante a gravidez e, portanto, acham difícil ser tão solidários como acham que deveriam ser. Bem, basta pensar nisso deste jeito:

Embora coma bem e descanse bastante, você se verá acordando com uma vontade incontrolável de vomitar. Parece que você tem um bicho no estômago, mas, nesse caso, vomitar traz apenas um alívio temporário. Você poderá sentir muito enjoo no meio do dia e, novamente, no início da noite. Ninguém sabe quando a vontade de vomitar vai aparecer – muito menos você.

Seu humor começa a mudar de bom para mau e faz um vaivém mais rápido como você jamais imaginou ser possível, e por nenhuma razão aparente. O que você costumava achar engraçado agora o irrita absurdamente, e as tarefas que você fazia com tanta facilidade podem levá-lo às lágrimas agora.

Você sempre teve controle sobre o seu corpo e gosta de estar com uma boa aparência. Mas, apesar de não ter mudado alguns dos seus hábitos saudáveis, seu corpo começou a crescer a um ritmo impressionante, e dificilmente passa uma semana sem que a balança do banheiro prove isso. Você geralmente se sente cansado só de subir um lance de escadas.

Mas aqui está o gancho: não há nada que você possa fazer para que tudo isso acabe, porque você não está doente. Na verdade, o médico diz que você está em condições perfeitas de saúde e que seu corpo está funcionando muito bem. Ele também diz que em poucos meses você voltará ao normal.

Você espera que ele esteja certo. Também espera que a sua companheira seja paciente o bastante para ficar ao seu lado e não fugir com alguém mais magro ou que tenha mais energia. É claro que ela diz que o ama muito, e você sabe que no fundo ela está dizendo a verdade, mas isso ainda não o faz sentir-se melhor. Não totalmente, de qualquer forma.

É de se esperar que ver toda essa coisa de gravidez do ponto de vista de uma mulher vai ajudá-lo a entender de onde vem o mau humor, o cansaço ou o choro. O fato é que ela realmente não tem como evitar tudo isso. Os hormônios da sua companheira estão jogando futebol dentro do corpo dela e não vão parar até o apito final. Portanto, enquanto isso, dê a ela todo o seu apoio. Diga que você a ama, muitas vezes. Em seguida, complemente suas palavras com ações que ajudam, apoiam e tornam a vida dela a mais confortável possível.

## Lidando com as mudanças de humor da sua esposa

Já vimos como as emoções da sua companheira são afetadas pelas mudanças hormonais que ocorrem no corpo dela, mas além de dar uma boa razão para que você seja mais paciente, esse conhecimento não o ajuda a lidar com essas mudanças no dia a dia. O que você precisa são sugestões práticas que realmente consiga utilizar quando a necessidade surgir. Eis, então, cinco estratégias simples que você pode empregar para ajudar você e sua companheira a enfrentar com eficácia as oscilações de humor.

**Estratégia 1: Nunca espere uma explicação lógica**

Se a sua companheira estiver chorando, será perfeitamente natural perguntar "O que aconteceu?". Infelizmente, durante a gravidez, muitas vezes não há nenhuma explicação lógica para a angústia, e a sua companheira estará tão confusa quanto você sobre a gravidez. A primeira coisa a fazer aqui é oferecer apoio, amor e tranquilidade. Diga a ela que você já leu como esse tipo de coisa é comum e que é bem provável que sejam apenas os hormônios atormentando-a; em seguida, abrace-a e diga que você a ama. É uma estratégia muito simples, mas funciona.

**Estratégia 2: Enfrente qualquer explicação lógica**

Às vezes, haverá uma explicação lógica para a aflição ou angústia da sua esposa. Por exemplo, ela pode estar preocupada com a despesa adicional inerente a ter um filho ou uma filha. Ou ela pode estar assustada com o que poderá sentir no parto. Nessas situações, a melhor abordagem é tranquilizá-la e se concentrar em encontrar soluções para os problemas práticos que podem aparecer. Preocupação e angústia são frequentemente sentidas quando parece que não há solução para um problema existente, ou quando a sua esposa não tem informações suficientes para enfrentar os medos, portanto, centrar-se na busca de soluções nessas áreas vai ajudá-la a sentir-se mais segura e positiva.

**Estratégia 3: Não se retire,
a menos que seja solicitado**

Parece ser um instinto natural do sexo masculino se afastar de situações que têm um forte conteúdo emocional. Infelizmente, se você fizer isso com a sua esposa, ela vai provavelmente concluir que você a está rejeitando pessoalmente, e o estado dela só vai piorar. A melhor coisa a fazer na maioria dos casos é, portanto, aproximar-se dela e oferecer muitos abraços gentis e também diversas garantias verbais do seu amor.

A única exceção ocorrerá quando a sua esposa pedir que você a deixe sozinha por um tempo. Quando isso acontecer, não leve o pedido como uma rejeição, simplesmente reconheça o fato de que ela, como todos nós, precisa de tempo sozinha para pensar nas coisas, em seu próprio ritmo.

**Estratégia 4: Seja proativo**

Sua companheira está grávida e ela provavelmente queira, acima de tudo, ver que você está empenhado em ser um grande pai. Se ela sentir que tem de incomodá-lo para que você faça os preparativos para a chegada da nova criança, ela poderá concluir que você não está tão interessado em ter um bebê como ela está; portanto, procure ser proativo durante toda a gravidez. Como você verá daqui a pouco, não há muito a fazer antes da chegada da criança, por isso, tome a iniciativa e comece a fazer as coisas. Quando a sua esposa vir que você está entusiasmado e proativo, ela vai se sentir muito mais segura e menos vulnerável do que na situação contrária.

**Estratégia 5: Arranje tempo para conversar**

A estratégia final é simplesmente conversar. Faça questão de sentar-se com a sua esposa todos os dias e discutir as coisas de uma forma descontraída e positiva. Pergunte como ela está se sentindo e se há alguma coisa que você possa fazer para ajudá-la a se sentir mais confortável. Esse tipo de preocupação é sempre apreciado, e se ela notar que você está disposto a conversar abertamente sobre as coisas, é menos provável que ela reprima os próprios sentimentos até explodir.

## Sexo durante a gravidez

Vivemos em uma cultura que separa a maternidade da sexualidade, e assim que as mulheres cruzam a linha do "não grávidas" para "grávidas", parece ser, muitas vezes, como se elas também tivessem migrado de "seres sexuais" para "seres não sexuais". Os homens, por sua vez, passam por uma mistura inigualável de sentimentos sobre a questão de ter relações sexuais durante a gravidez. Por um lado, eles gostariam de ter relações sexuais com sua parceira tanto quanto tinham antes da gravidez. Mas, por outro lado, há um bebê em algum lugar, portanto, será que o sexo vai machucá-lo? E mesmo se não for, será que a parceira não acha que ele está sendo um macaco insensível só por sugerir uma coisa dessas?

A boa notícia é que as mulheres têm, com frequência, emoções muito semelhantes. Obviamente, as alterações hormonais podem fazê-las perder o apetite sexual de tempos em tempos, mas essas mudanças também podem ter o efeito inverso, e muitas delas dizem que estar grávida as faz, na verdade, sentirem-se ainda mais sexuais do que antes. Mas, como os homens, as mulheres muitas vezes se preocupam se é seguro ou não desfrutar de sua libido em alta ou se, em vez disso, devem se preservar.

O fato é que se a gravidez estiver progredindo normalmente (o que significa que não há um risco alto de aborto etc.), não há nenhuma razão pela qual vocês não devam continuar desfrutando de uma vida sexual saudável. Se algum de vocês estiver em dúvida sobre esse assunto, basta conversar com o médico para tirar as dúvidas.

Naturalmente, o tipo de sexo que você pratica durante a gravidez pode ser diferente do tipo de sexo que praticava antes. Isso é especialmente verdade no terceiro trimestre, quando o sexo na posição "papai e mamãe", por exemplo, pode não ser tão prático como era antes, por causa da nova forma do corpo da sua companheira. Portanto, é provável que você tenha que ser mais criativo, procurando posições mais adequadas, ou talvez desfrute de atividades sexuais sem penetração.

Falar abertamente é importante aqui. Pergunte à ela o que gostaria de fazer e certifique-se de que ela tenha abertura para dizer a você se não se sente confortável com o sexo em uma determinada posição. Se ela se sentir desconfortável, tente algo diferente. Descobrir o que funciona para vocês como um casal, e o que não, pode, muitas vezes, exigir muitas experiências, portanto, divirta-se e aproveite o processo.

## Preparando-se para o nascimento do seu filho

Embora a gravidez possa, muitas vezes, parecer que vai durar para sempre, ela não vai, e você precisa ter certeza de que está física e mentalmente preparado para ter uma criança nova em sua casa. Isso significa planejar e equipar-se para fazer a transição da gestação, passando pelo trabalho de parto, até ter um filho em casa ser algo o mais suave possível.

Mais importante: a sua companheira terá de tomar algumas decisões importantes relativas às opções de parto. Embora a maioria dos partos ocorra na cama de uma maternidade em um hospital local, outras opções, por exemplo, partos em casa e partos na água (dar à luz em uma piscina de água) também estão disponíveis. Ela também deve decidir se desejará receber medicamentos para alívio da dor durante o parto ou se prefere cerrar os dentes e ir por um caminho sem nenhum tipo de droga. Essas decisões somente podem ser tomadas quando todas as informações relevantes tiverem sido obtidas (como as opções de parto disponíveis em determinado local) e ela também tiver passado pelo aconselhamento médico profissional.

Como é a sua parceira que terá de passar pelo processo de dar à luz, o seu papel aqui é ser um torcedor, e não necessariamente um influenciador. É claro que você pode compartilhar suas opiniões sobre o assunto, mas lembre-se de que a decisão final não é sua.

Do seu ponto de vista, uma parte importante da preparação para o seu primeiro filho é equipar a casa. Seu bebê precisará de uma cama, cobertores, carrinhos de bebê, fraldas, outra manta ou mesa, banheira, brinquedos (um ou dois portáteis, num primeiro momento), roupas, comida (mamadeira e leite em pó ou protetores para o peito e, possivelmente, uma bomba elétrica quando do aleitamento materno), termômetro e um assento de bebê para o carro. Há muitos outros itens que também podem ser obtidos como "opcionais", mas a melhor ideia é focar o que é essencial em primeiro lugar e certificar-se de que tais itens já estejam em casa antes de comprar os demais.

Se o seu filho for ficar num quarto só dele, você precisará passar algum tempo preparando-o para que seja confortável e seguro, com ênfase em segurança. Para isso, sempre faça questão de conferir a certificação de segurança de qualquer produto que você comprar, especialmente coisas como berços, colchões, carrinhos de bebê e assentos de carro. Uma boa maneira de fazer compras de um jeito mais informado é comprar algumas revistas especializadas em bebês e ler sobre as opiniões para os diferentes produtos disponíveis.

Do ponto de vista prático, é geralmente uma boa ideia fazer uma lista abrangente das coisas que você precisará obter e/ou fazer para que você passe comprando e riscando todos os itens da lista. Isso vai impedi-lo de esquecer alguma coisa e garantir que você não segure o seu bebê no hospital (ou na piscina de parto) e, de repente, lembre-se de que ainda não conseguiu um assento de carro apropriado. A lista também o ajudará a estimar quanto tempo levará todos esses diversos preparativos (decorar o quarto da criança, por exemplo), de modo que você consiga programar as atividades e fazer tudo.

Uma última coisa: não programe tudo como se o seu novo bebê fosse nascer exatamente conforme o previsto. O período de gestação de quarenta semanas citado pelo médico é apenas uma média. Os bebês nascem, muitas vezes, duas semanas mais cedo ou duas semanas mais tarde. Isso não é surpreendente quando se considera que eles não têm uma cópia da data de nascimento estimada pelo médico. Portanto, sempre planeje fazer as coisas, pelo menos, uma ou duas semanas antes da data prevista pela sua companheira.

## Resumo do Capítulo 2

- Ser um grande pai começa logo que a sua companheira aparece com um resultado de gravidez positivo.
- Para fins de discussão, a gravidez é dividida em três estágios, que são chamados de trimestres.
- A gravidez não é nenhum piquenique para a sua parceira. Ela, às vezes, sofre de náuseas, cansaço, estresse e uma variedade de outros efeitos colaterais. Portanto, seja solidário!
- Olhar as coisas do ponto de vista da sua companheira permitirá que você seja mais compassivo e paciente.
- Você pode lidar com as mudanças de humor da sua companheira utilizando cinco estratégias simples:
  - 1: Nunca espere uma explicação lógica.
  - 2: Enfrente qualquer explicação lógica.
  - 3: Não se retire, a menos que seja solicitado.
  - 4: Seja proativo.
  - 5: Arranje tempo para conversar.
- Sexo durante uma gravidez normal é geralmente seguro, mas vocês podem precisar ser mais criativos em relação às posições. Discuta com a sua esposa as ideias dela sobre sexo confortável.
- Você precisa se preparar com antecedência para o nascimento do seu filho. Faça uma lista de todas as coisas que precisa comprar e/ou fazer, então passe por todos os itens da lista de uma forma lógica.

# Capítulo 3
## A sua missão do dia D

Quando a sua companheira entrar no nono mês de gravidez, vocês poderão estar com aquela sensação de que a gestação do seu filho é algo que não vai acabar nunca. Felizmente, ela vai acabar, e vai acabar em grande estilo, com a vinda do seu novo filho a este mundo. No dia D haverá gritaria, choradeira, algumas cenas que podem afetar aquelas pessoas com o estômago mais fraco ou com os nervos mais à flor da pele e, talvez, uma boa medida de pânico. E tudo isso, meus amigos, forma o motivo pelo qual você precisa se preparar para o que eu gosto de chamar de sua missão do dia D.

Sua missão no dia D em si é apoiar a sua companheira no momento do parto. Parece bastante simples, não é? Mas isso significa muito mais do que apenas estar presente e passar um pano molhado na testa da sua esposa, uma vez a cada quinze minutos – aliás, muito mais mesmo. Vamos dar uma olhada mais detalhada nos vaivéns do trabalho de parto (e sejamos sinceros, eles são muito mais vem do que vai) mais adiante, mas antes vamos fazer uma pausa para discutir alguns arranjos práticos que precisam ser feitos.

### Planejar uma licença no trabalho

Sua primeira tarefa prática é a de conseguir uma licença com seu empregador para que você possa estar presente no nascimento do seu filho e passar alguns dos primeiros dias seguidos do parto dando suporte à sua companheira e cuidando do seu filho. O maior problema aqui é não saber quando será o dia D. Apenas 5% das mulheres grávidas realmente dão à luz na data prevista. A maioria das demais, 95%, vai dar à luz quinze dias antes ou quinze dias depois.

Essa falta de certeza sobre exatamente quando o bebê virá ao mundo costuma tornar esse planejamento de tirar uma licença do trabalho algo bem difícil. Contudo, a Constituição Brasileira de 1988 fornece aos pais o direito à licença-paternidade de acordo com as disposições nela publicadas. Embora não seja geralmente necessário estudar a lei de forma detalhada a fim de obter mais informações sobre esse assunto, é importante que você entenda ao que tem direito como pai. Por essa razão, forneço a seguir alguns dos principais dados descritos na Constituição acerca da licença-paternidade para que você dê uma olhada. Todas as indicações em itálico desta seção foram retiradas da Constituição.

A licença está disposta na Constituição Federal de 1988 da seguinte forma:

*Art. 7º. São direitos dos trabalhadores urbanos e rurais, além de outros que visem à melhoria de sua condição social:*
*Inciso XIX licença-paternidade, nos termos fixados em lei;*
*Art. 10º. Até que seja promulgada a lei complementar a que se refere o art. 7º, I, da Constituição:*

§ 1º *Até que a lei venha a disciplinar o disposto no art. 7º, XIX, da Constituição, o prazo da licença-paternidade a que se refere o inciso é de cinco dias (corridos).*

Ao mencionar a licença-paternidade na Constituição, é importante que você saiba o seguinte:

- A licença-paternidade já existia, contudo o pai tinha direito a uma licença de apenas um dia para registrar o filho recém-nascido.
- A licença de cinco dias corridos deve ocorrer a partir do primeiro dia do nascimento da criança.
- O empregado deverá notificar o empregador do nascimento do filho para, então, ausentar-se pelo período estipulado pela licença.
- O empregado deverá comprovar a ausência ao empregador pela entrega do registro de nascimento.
- O empregador não poderá deduzir do salário do empregado os dias ausentes em decorrência da licença-paternidade.
- Já foi aprovado no Senado e na Comissão de Seguridade Social e Família da Câmara dos Deputados (ainda falta ser aprovado em mais quatro comissões para virar lei) o projeto de lei 3.538/2008, que visa a aumentar o tempo da licença-paternidade de cinco para quinze dias.
- Esse novo projeto de lei, além de aumentar o tempo do pai com o filho, estabelece que, caso o nascimento da criança ocorra durante as férias do pai, os quinze dias deverão ser concedidos ao término

das férias e ele também prevê estabilidade de trinta dias após o fim da licença.

Com esse direito dos pais, ficar um tempo fora do trabalho não deverá ser um problema enorme. Na maioria dos casos, é simplesmente uma questão de discutir sua situação com seu empregador e definir o curso das coisas.

## A MALA NOTURNA

A sua companheira precisará de uma mala para passar a noite no hospital. Ela deve estar preparada duas semanas antes da data estimada para o nascimento do seu filho. Essa mala deve conter tudo o que sua companheira precisa para passar uma noite no hospital (escova de dentes, camisola etc.) Ela provavelmente vai querer fazer a mala sozinha, mas oferecer ajuda com a tarefa é um gesto bonito e vai mostrar que você também está planejando as coisas com antecedência para que tudo corra da melhor forma possível.

## UM ACORDO DE COMUNICAÇÃO E PROCEDIMENTOS

A menos que você trabalhe em casa ou consiga uma licença ilimitada no seu trabalho, você provavelmente não conseguirá garantir que estará ao lado da sua esposa quando ela entrar no trabalho de parto. Isso significa que é necessário estabelecer uma forma de ela entrar em contato com você assim que precisar e da forma mais rápida possível. A maioria das pessoas opta por utilizar um telefone celular, já que é algo que se pode levar discretamente ao trabalho ou a qualquer lugar aonde se vá; mas, se houver outro meio de comunicação de sua preferência, não hesite em utilizá-lo. Apenas certifique-se de que a sua parceira sabe exatamente como entrar em contato com você, quando for a hora.

Você também precisa discutir com ela o que fazer quando ela entrar em trabalho de parto. Se você trabalhar nas proximidades, então não deverá ser um problema você mesmo correr de volta para casa e levar a sua companheira (e, é claro, a mala noturna) ao hospital. Mas, se você não trabalhar perto de casa, será necessário criar um plano B, como telefonar a um amigo ou vizinho, por exemplo.

Todo esse pré-planejamento pode parecer um pouco exagerado, mas realmente não é. O fato é que entrar em trabalho de parto pode ser uma experiência assustadora – especialmente para uma mãe de primeira viagem – e discutir os vários cenários com ela antes de isso acontecer (por exemplo, o que ela faria se entrasse em trabalho de parto quando estivesse fazendo compras) vai ajudá-la a se manter relativamente calma quando o momento chegar.

## TRABALHO DE PARTO E NASCIMENTO

Como a própria gravidez, o processo do trabalho de parto é geralmente dividido em três estágios a fim de torná-lo algo mais fácil de ser discutido. O *primeiro estágio do trabalho de parto* começa com contrações regulares. As contrações, que são sentidas como dores iguais a cãibras na parte inferior das costas e do abdômen, servem para colocar o bebê na posição correta para que a mãe consiga, posteriormente, dar à luz. Inicialmente, as contrações podem ser brandas, com intervalos relativamente longos entre cada uma, mas, à medida que esse primeiro estágio do trabalho de parto continua, as contrações se tornam mais intensas e mais frequentes. Esse estágio do trabalho de parto dura frequentemente várias horas e termina quando o colo do útero atinge uma dilatação de dez centímetros.

No *segundo estágio do trabalho de parto* – que é a etapa sobre a qual a maioria das pessoas pensa ao discutir "estar em trabalho" nas conversas em geral – as contrações tornam-se ainda mais intensas, duram mais e são mais frequentes (a cada dois minutos). Durante algumas horas, o bebê é empurrado para baixo do canal de parto, a parte superior da cabeça dele fica visível para os observadores externos (isso é conhecido como "coroa") e o bebê nasce algum tempo depois.

Aliás, não espere que o seu filho esteja particularmente limpo quando ele ou ela sair de dentro da mãe. A maioria dos recém-nascidos tem uma cor púrpura e a pele pegajosa. Isso tudo é perfeitamente normal – considerando onde eles passaram os últimos nove meses –, mas se você não estiver preparado para isso, a visão pode ser um pouco chocante.

O *terceiro estágio do trabalho de parto* é o mais curto dos três e ocorre após o nascimento do bebê. Sua companheira experimentará outra série de contrações para a saída da placenta. Muitas vezes, a enfermeira obstetra pegará o bebê para limpá-lo, pesá-lo e verificar se há algum problema com ele, tudo isso bem rapidamente. No geral, o bebê é então entregue à mãe ou ao pai, dependendo se a mãe já conseguiu ou não expulsar a placenta.

Você deve ter em mente que tudo isso é coisa de livro e que a vida real às vezes se desvia da rotina. Alguns partos podem acontecer por cesariana, a fim de resguardar a saúde da mãe, do bebê, ou de ambos. Às vezes, uma mulher vai ter uma dilatação ou corte maior conforme ela dá à luz. Isso pode resultar em muito sangramento, e talvez seja necessária a aplicação de vários pontos após o terceiro estágio do trabalho de parto. Esteja preparado para surpresas e também para uma visão bastante confusa. Mas, acima de tudo, acredite nos médicos que cuidarão da nova mamãe. Eles já viram de tudo e sabem como lidar com situações de forma eficaz, por isso, se eles decidirem que precisam agir de alguma forma, saia da frente e deixe-os fazer o trabalho necessário.

## LIDANDO COM OS ALARMES FALSOS... E COM OS REAIS TAMBÉM

Muitas vezes, a mulher vai sentir contrações e acreditar que está entrando em trabalho de parto; em seguida, irá ao hospital e descobrirá que era um alarme falso. Isso pode ser muito frustrante, especialmente para a mulher, que começará, naturalmente, a preparar-se psicologicamente para lidar com o processo de três estágios completo sobre os quais falamos anteriormente e estará ansiosa para ver o novo bebê pela primeira vez. Não é incomum uma mulher se sentir um pouco constrangida por ter "acreditado" em um falso alarme, mas a verdade é que saber a diferença entre uma série de contrações de Braxton Hicks mais intensas e as contrações que marcam o início do trabalho de parto pode ser muito difícil – especialmente se a mulher for uma mãe de primeira viagem.

Nessas situações de "alarme falso", seja paciente, solidário e compreensivo. Tranquilize a sua companheira reafirmando que ela está perfeitamente normal, que os alarmes falsos são comuns e que o alarme verdadeiro não demorará tanto a ocorrer.

Quando a coisa real ocorrer, é importante tentar manter a calma e ser paciente. Como você viu, o trabalho de parto pode levar muitas horas do início ao fim, portanto, ser impaciente ou apressado só vai causar uma frustração desnecessária.

## Entendendo pelo que a sua companheira está passando ||

Por razões biológicas óbvias, é impossível um homem conseguir imaginar-se com uma vagina. Assim, para os propósitos desta seção, precisaremos utilizar um pouco de "licença poética" e fazer o melhor que pudermos com os equipamentos que temos disponíveis:

*Seu corpo veio crescendo durante os últimos longos e cansativos nove meses. Sua barriga, que costumava ser praticamente de tanquinho, está agora tão esticada que você não consegue nem ver seus pés quando está de pé. Suas costas e os tornozelos estão inchados de tanto carregar o peso extra. Você sente uma cãibra na parte inferior do abdômen. Ela dura quinze segundos e, então, desaparece. Dez minutos depois, há outra. Depois, mais outra. Elas aparecem regularmente, primeiramente em intervalos de dez minutos, depois, com mais frequência. Até o momento em que elas começam a surgir a cada cinco minutos, com cada uma durando cerca de trinta segundos e, portanto, você sabe que está entrando em trabalho de parto.*

*O pensamento é ao mesmo tempo reconfortante e assustador. Por um lado, isso significa que você não terá de carregar todo esse excesso de peso por muito tempo. Mas, por outro lado, isso também significa que você terá que empurrar algo um pouco maior que uma bola de rugby regular da sua vagina, e isso já não soa bem tão bem agora.*

*Conforme seu "trabalho de parto" avança, as cólicas começam a aparecer com mais frequência e são cada vez mais dolorosas. Cada uma traz a bola de rugby mais perto de onde o sol nunca bate, e você percebe que não importa o quanto fique pior, não há como voltar atrás. Seu corpo terá de se esticar para acomodar o "nascimento" ou ele vai, de qualquer forma, se rasgar tentando.*

Vou deixar o resto para você imaginar como seria, porque acho que você já deve ter uma ideia aproximada agora do que a sua parceira terá de enfrentar. Mas lembre-se: isso é apenas um jogo mental, para todos os efeitos. A sua companheira não está lendo nenhuma simulação criativa em um livro, isso estará ocorrendo de verdade, portanto, lembre-se disso e aja de acordo.

## Seu plano de ação para o dia D

Quando sua companheira estiver em trabalho de parto, ela se sentirá bastante isolada. Sim, ela estará cercada por médicos especialistas e terá você ao lado dela segurando sua mão, mas ela será a única que terá de passar pela dor, pelo medo e pela exaustão de tudo aquilo. Embora não haja nenhuma maneira de você tirá-la dessa, existem algumas coisas que você pode fazer por todo o trabalho de parto para tentar tornar o processo um pouco mais confortável.

- *Ofereça bebidas.* Dar à luz é um trabalho que dá muita sede, e a sua parceira provavelmente vá querer beber algo em todos os momentos. Esteja presente para dar a ela água (ou qualquer bebida que ela planejou para o trabalho de parto), como e quando ela precisar.
- *Tenha uma toalha de rosto fresca em mãos para ela.* Sua parceira vai ficar muito quente e suada durante o trabalho de parto (afinal, é um trabalho extremamente difícil) e ela apreciará muito se você passar a tolha na testa dela algumas vezes.
- *Segure a mão dela.* Muitas mulheres gostam de segurar a mão do seu parceiro durante as fases particularmente dolorosas, por isso, faça isso por ela.

- *Converse com ela.* Diga que você a ama. Diga que ela está indo muito bem. Incentive-a a relaxar quando a enfermeira obstetra pedir a ela para fazê-lo. Incentive-a a empurrar quando a enfermeira pedir a ela para fazê-lo. Todo esse apoio verbal será apreciado.

Essas são todas as coisas que você pode fazer para ser solidário, mas não se surpreenda se – em algum momento durante o processo – a sua esposa começar a demonstrar outros sentimentos que não a gratidão. O fato é que o cérebro dela entrará em um "modo de sobrevivência" a fim de lidar com a dor incrível pela qual ela está passando, e isso pode levar a algum tipo de transformação que você realmente terá de testemunhar para acreditar.

Não importa em que tipo de mulher a sua companheira se enquadre, espere ser surpreendido em algum momento. Ao tentar confortá-la verbalmente, ela poderá mandá-lo calar a boca e fazer silêncio. Quando você tentar esfregar a testa dela, ela poderá gritar com você pedindo para ficar longe dela. Quando você for segurar a mão dela, ela poderá cravar as unhas na sua mão até você sangrar. Ela poderá dizer que a dor que está experimentando é tudo culpa sua, porque foi você quem a engravidou. Ela poderá dizer que o odeia. Ela poderá xingá-lo como um soldado, usando palavrões com uma destreza incrível, de tal forma que você começará a acreditar em possessão demoníaca.

É importante entender que o que a sua parceira disser ou fizer durante o trabalho de parto precisa ser considerado somente naquele contexto. Até onde o cérebro dela está ciente, ela está lutando pela sobrevivência naquele local, por isso, deixe-a culpá-lo por tudo e, depois, esqueça tudo isso. Não comece a discutir ou negar, apenas concorde com o que ela diz. Se ela disser que você é um covarde, um ditador ou, paradoxalmente, as duas coisas, um covarde e um ditador, apenas aceite as observações e deixe-a continuar com o trabalho que tem em mãos.

O processo do trabalho de parto, como você deve ter percebido agora, será uma experiência bastante intensa para ambos. A boa notícia é que, uma vez que a dor e o cansaço, o estresse e os palavrões, tudo isso tiver passado, você ficará com a única coisa que faz tudo no mundo valer a pena: o seu bebê recém-nascido.

## Resumo do Capítulo 3

- Sua missão no dia D é apoiar a sua companheira no trabalho de parto e no nascimento do seu filho.
- Você precisa se preparar para o evento com antecedência.
- Alarmes falsos são comuns. Se a sua parceira tiver um alarme falso, seja solidário e compreensivo.
- Para fins de discussão, o trabalho de parto é dividido em três estágios. Todo o processo pode demorar muitas horas, portanto, seja paciente e permita que as coisas sigam o seu curso normal.
- Você deve ser o mais útil possível durante o processo do trabalho de parto, mas não se surpreenda se a sua companheira passar por uma transformação incrível. Em vez disso, guarde os socos para você e lembre-se que tudo isso é perfeitamente normal.
- A recompensa, que faz tudo valer a pena, é o novo bebê que vem ao mundo no fim da experiência. Aproveite o momento. A vida de vocês dois será, a partir de agora, muito mais rica.

# Capítulo 4
## As primeiras duas semanas

Você consegue se lembrar de quando foi a uma escola específica pela primeira vez e levou uma semana inteira só para se acostumar com o novo formato do lugar, os novos professores e as novas rotinas? Ou de quando você começou um trabalho novo e levou dois dias ou mais para se adaptar à realidade do trabalho envolvido em relação à descrição dele? Esse tipo de confirmação da realidade também acontece com os pais de primeira viagem. Não importa o quanto você tenha se preparado psicologicamente, não importa o quanto de teoria parental você tenha em seu currículo, as duas primeiras semanas do pai de verdade podem ser um choque. Não porque você não sabe o que esperar, mas simplesmente porque você tem de aprender a lidar com uma miríade de coisas em tempo real. Neste capítulo, veremos o que as duas primeiras semanas geralmente englobam e também vamos sugerir formas de não só de lidar com tudo isso, mas de gostar e aproveitar essa curva exigente de aprendizagem.

## Sustentação

### Dormir

Uma das primeiras coisas que você vai notar é que os bebês dormem muito mais do que você espera. É normal que o recém-nascido durma até dezesseis horas por dia no começo, por isso é importante garantir que todos os arranjos para um bom sono estejam em seus devidos lugares desde o início.

Tente certificar-se de que o quarto onde o seu filho está dormindo (seja no quarto durante a noite ou na sala durante o dia) não tenha correntes de ar e apresente uma temperatura média bastante consistente. A equipe médica, no hospital, mostrará (ou já terá demonstrado nesse ponto) como embrulhá-lo com segurança em um cobertor, portanto, continue utilizando esse método ao chegar em casa. Não use travesseiros na área de dormir ou coloque o seu bebê em um travesseiro em sua própria cama, pois ele ainda não consegue levantar a cabeça e pode, portanto, sufocar. Adquira o hábito de colocá-lo no berço para dormir, em vez de correr riscos desnecessários.

Sabendo que os bebês podem dormir até dezesseis horas por dia, é bom esclarecer que isso não acontece de uma única vez. Embora cada bebê seja um indivíduo, eles geralmente dormem em sessões curtas de duas ou três horas. Isso significa que, apesar da quantidade de sono que eles têm, colocar o seu bebê para dormir durante a noite é praticamente impossível, pelo menos nos primeiros meses. Planeje alimentá-lo ou trocá-lo várias vezes por noite em vez de frustrar-se com expectativas irreais. Atenda-o rapidamente e é bem provável que, uma vez alimentado, trocado ou afagado por algum tempo, ele volte perfeitamente – e feliz – a dormir. Mas se você deixá-lo chorando por mais de um minuto ou dois antes de responder, ele ficará tão agitado que é muito provável que as chances de ele voltar a dormir caiam drasticamente.

É importante entender que esse padrão esporádico de sono pode deixar você e a sua companheira cansados e irritados durante o dia. Felizmente, isso não dura muito tempo, uma vez que os seres humanos se ajustam de forma relativamente rápida às circunstâncias. Portanto, você achará bastante fácil dormir várias vezes com pouca duração em vez de ter uma única sessão comprida de oito horas de sono. Mas, até lá, seja paciente com os outros e tente descansar um pouco, como e quando puder. Em outras palavras, se o seu bebê decidir dormir por algumas horas num sábado de manhã após uma noite particularmente fragmentada, sugerimos que você e a sua companheira façam o mesmo.

Os bebês tendem a estabelecer um padrão de sono mais "civilizado" depois de alguns meses e, nesse momento, eles podem, muitas vezes, dormir por cinco ou seis horas seguidas. Quando isso acontecer, aproveite o seu tempo livre. Nesse momento, seis horas seguidas parecerão o melhor descanso que você já teve na vida.

### Alimentando...

Os bebês têm estômagos incrivelmente pequenos e, como eles acabam só tendo uma dieta de líquidos durante os primeiros meses de vida, acabam sentindo fome em uma base regular. Você deve esperar, portanto, ter de alimentar o seu bebê em um período entre duas e seis horas, dia e noite.

Quando se trata de alimentar um recém-nascido, há duas opções principais: leite de peito ou leite em pó. Na maioria dos casos, a amamentação é a escolha ideal porque ela não só fornece todos os nutrientes de que a criança necessita, mas também é conveniente (em termos de preparação, não apresentação) e ajuda a criar os laços entre mãe e filho de forma incrivelmente eficaz. Para as mães que não conseguem ou não querem amamentar, a alternativa é o leite em pó. Nesse caso, há muito mais preparação (a esterilização das mamadeiras, mistura e aquecimento do leite etc.), mas há um pouco mais de conveniência quando se trata de alimentar um filho em público.

É importante fazer o seu bebê arrotar após a alimentação para que o gás não se acumule no estômago dele e cause desconforto. Também é uma boa ideia ter uma toalha ou pano ao fazer isso, porque é bastante comum que algum líquido saia junto com o gás e, por experiência própria, é mais comum isso acontecer quando estivermos menos preparados.

### ... e as fraldas sujas

Entre as sonecas e a alimentação, o seu bebê vai ainda encontrar tempo para rechear um número surpreendentemente grande de fraldas. Mas, talvez, o mais surpreendente seja o conteúdo – pelo menos nos primeiros dias. As evacuações inicialmente resultam na expulsão de algo chamado mecônio. É uma substância espessa, pegajosa e verde-escura – quase preta –, mas a cor clareia gradualmente para verde-claro e, depois, para amarelo ou bege. Com certeza, esses não são os tipos de detalhes que você gostaria de compartilhar com um amigo durante o jantar, mas é importante saber o que esperar para não entrar em pânico ao se deparar com o mecônio.

Uma habilidade que você terá de aprender rapidamente é como trocar as fraldas. Felizmente, isso não é tecnicamente difícil e, talvez, a parte mais difícil seja se acostumar com o cheiro.

Primeiro, junte tudo o que você precisa em um só lugar: fraldas de algodão e água (ou lenços umedecidos), lenços secos e assim por diante. Os *chefs* franceses chamam esse tipo de preparação antecipada de *miseenplace*, e uma das principais vantagens é que é mais rápido e limpo preparar tudo antecipadamente que fazer uma bagunça na casa para trocar as fraldas.

Em seguida, coloque uma toalha de papel em uma esteira ou mesa utilizada para trocar fraldas e deite o bebê sobre ela (de forma que essa toalha consiga conter qualquer vazamento).

Retire a fralda, segure a respiração e limpe o que for necessário. Se você tiver um menino, tenha ciência de que ele tem um pênis e, mesmo novinho assim, ele poderá fazer xixi em você – especialmente quando você estiver trocando as fraldas dele. Os óculos de proteção são acessórios opcionais.

Para ajustar a nova fralda, segure os tornozelos do bebê e levante-o devagar de modo que você consiga deslizar a parte de trás da fralda pela parte de trás do bebê. Então, puxe a frente da fralda para cima, entre as pernas e ao redor da barriga, sendo cuidadoso para evitar irritação da região do cordão umbilical.

Agora, tudo o que você precisa fazer, além de colocar o seu filho em um local seguro e limpar o restante, é torcer para que ele aguente uma ou duas horas antes de exigir que você repita o exercício mais uma vez.

## O QUE VOCÊ PODE ESPERAR VIVENCIAR EMOCIONALMENTE

As três grandes questões "práticas" do sono, da alimentação e das fraldas sujas vão demandar muito do seu tempo durante as primeiras duas semanas, mas há questões emocionais que também precisam ser discutidas. Tornar-se um pai pode levar nove meses, biologicamente falando, mas a realidade de sair de uma posição "não tenho um filho" para uma posição "tenho um filho" muitas vezes acontece em menos de 24 horas. Isso pode fazer você ficar um pouco chocado, e não seria totalmente incomum você experimentar sentimentos de inadequação. Eis o porquê:

Ter um recém-nascido pode fazê-lo sentir que ainda não está maduro o suficiente para lidar com isso. Esse sentimento se origina da crença equivocada de que alguns homens estão "prontos" para a paternidade e outros – incluindo sempre a si próprio – não. O fato é que todos os homens, se forem honestos sobre isso, sentem pelo menos uma pontada de dúvida sobre se estão ou não maduros o suficiente para ter outro ser humano dependendo deles no nível em que uma criança depende. A boa notícia é que, se você simplesmente aceitar a responsabilidade e trabalhar para lidar com ela (não fugir), você vai amadurecer em seu novo papel automaticamente.

Ter um bebê pode fazê-los achar que não são bem-sucedidos o suficiente. Como já disse, as crianças são caras, e quanto mais velhas elas ficam, mais caras tendem a ficar. Se você não se sentir confiante com relação à sua capacidade de sustentar o seu recém-nascido, é provável que você não se sinta bem – pelo menos inicialmente. Para lidar com essa emoção, basta lembrar que – até agora – você pode não ter tido uma boa razão para se concentrar em atingir o sucesso financeiro e que ter um bebê pode proporcionar o impulso que você precisa para avançar mais nessa área da sua vida.

Ter um recém-nascido pode fazê-lo se sentir como um desmancha-prazeres. Sua parceira, tendo carregado o bebê por nove meses, vai, naturalmente, focar a atenção mais na nova criança, e isso significa que você provavelmente não terá o nível de atenção que costumava ter antes do nascimento. Em vez de ficar para baixo com isso, foque em dar ao seu filho e à sua companheira mais atenção e comece a se ver mais como um doador do que como um receptor. Com o passar do tempo, compartilhar o amor com os outros como uma família vai se tornar a coisa mais natural do mundo para você e, provavelmente, você sentirá que o relacionamento pessoal com a sua companheira realmente melhorou, em vez de o contrário.

Ter um recém-nascido pode fazê-lo se sentir sobrecarregado e frustrado. Isso acontece quando você percebe a carga de trabalho envolvida em cuidar de um recém-nascido e começa a pensar no pouco tempo que você tem para fazer tudo. Mais uma vez, esse é um sentimento temporário, e dentro de algumas semanas você estará tratando tudo como se estivesse fazendo isso há anos, portanto, lembre-se disso sempre que as coisas ficarem difíceis.

É muita coisa para o seu estado emocional, mas e quanto ao estado emocional da sua companheira? Bem, como você poderia esperar, os sentimentos dela podem estar muito mais acentuados. Da mesma forma que as flutuações hormonais afetaram o humor dela nas primeiras semanas de gravidez, elas o farão nas primeiras semanas de maternidade. Todas as emoções que você pode experimentar aplicam-se igualmente às mulheres, mas, além disso, a depressão pós-parto é uma experiência bastante comum. Portanto, não fique excessivamente preocupado se a sua companheira ficar um pouco mais quieta que o habitual por alguns dias. Ela tem muita coisa para pensar sozinha e – como você – vai precisar de algum tempo para se adaptar à nova situação.

Você pode apoiar a sua esposa, ajudando-a a cuidar fisicamente do bebê (o máximo possível) e com as tarefas domésticas. Isso dará mais tempo e espaço para que ela se ajuste emocionalmente. Você também deve continuar o seu hábito de incentivar a comunicação aberta e de proporcionar muitos abraços reconfortantes e palavras de apreço. Esse estado de "depressão" dura, geralmente, apenas um curto espaço de tempo, por isso, se ele continuar por mais de uma semana, pode valer a pena encorajá-la a visitar um médico para obter suporte adicional.

## ENTENDENDO PELO QUE A SUA ESPOSA ESTÁ PASSANDO – III

*Primeiro você ficou grande, pesado e cansado. Em seguida, passou pela experiência mais assustadora e dolorosa da sua vida, que era – paradoxalmente – uma das experiências mais felizes de sua vida, ao mesmo tempo. Nesse ponto, você deve sentir-se aliviado, relaxado e feliz. E é claro que você se sente, às vezes. Mas, em outros momentos, você é atingido por ondas de emoções menos felizes e se sente sobrecarregado, sozinho, com medo e insegurança.*

*Na semana passada você estava bem. Tinha de cuidar de si mesmo e estava seguro de que sua esposa também conseguiria cuidar de si própria. Mas agora você tem um ser humano minúsculo, que depende 100% de você, 24 horas por dia, sete dias por semana, e você leva algum tempo para se acostumar com tudo isso.*

*De agora em diante, você percebe que não pode mais pensar apenas em seu próprio bem-estar. Toda decisão que você toma tem de levar em consideração o bem-estar desse minúsculo e indefeso ser humano. Se você, em algum momento, não der o seu apoio, esse delicado ser humano morrerá. De repente, você está ciente da enorme responsabilidade que repousa sobre os seus ombros e, às vezes, isso parece ser um fardo grande demais. Na verdade, por vezes você se pergunta se está realmente preparado para ser pai. Nada disso parece, em absoluto, ser algo natural para você... E você não tem ideia se as coisas vão melhorar com o tempo (mesmo quando todo mundo diz que elas vão) ou se você vai se sentir assim para sempre.*

Você deve observar que nem todas as mulheres que dão à luz passam por esse tipo de resposta emocional ou, pelo menos, nesse grau. Mas, ao estar ciente de como uma mulher se sente, você estará mais bem-equipado para se solidarizar com a sua companheira, em vez de esperar que ela saia pulando de alegria imediatamente.

## Estabelecendo um sistema de suporte e protegendo o tempo com a família

Como ter o seu primeiro recém-nascido pode ser algo cansativo, estressante e emocionalmente exigente, é uma boa ideia criar um sistema de apoio. Todos os pais de primeira viagem conseguem uma determinada quantidade de suporte por parte das enfermeiras, médicos e assim por diante, mas será melhor ainda se você também puder contar com a ajuda de alguns amigos e familiares cuidadosamente selecionados.

Que tipo de apoio você deve procurar? A resposta é simples: o que quer que você precise para ajudá-lo nas situações domésticas e pessoais. Você pode querer alguém para ajudar com as compras ou para dar algum conselho de vez em quando. Ou pode ser que você simplesmente queira que alguém apareça a cada dois dias para um café e um bate-papo para que você e sua companheira não percam o contato com o mundo exterior.

Não é necessário ser formal em relação à criação de um sistema de apoio, mas você precisa pensar seriamente a respeito disso. Discuta a ideia com a sua parceira e identifique de qual tipo apoio você precisa. Em seguida, liste o auxílio dos amigos e dos membros da família que querem e podem fornecer a ajuda adicional necessária.

Assim como a criação de um sistema de apoio, você também precisará proteger o seu tempo enquanto uma família, controlando exatamente quem fará determinada visita e em qual dia. Ter um filho é obviamente um motivo de comemoração, mas algumas pessoas parecem pensar que você amará ter visitantes em todas as horas do dia e, muitas vezes, elas não percebem que vocês dois também precisam de tempo para si mesmos. Como um grande pai, é sua responsabilidade garantir que o seu filho e a sua parceira não fiquem tão sobrecarregados com os visitantes que acabem não tendo tempo para relaxar.

A melhor maneira de fazer isso é pedir às pessoas que telefonem com antecedência antes de fazerem a visita para que elas marquem um momento adequado. Ao adotar essa abordagem, você conseguirá garantir que não receberá muita gente em um determinado dia e, assim, protegerá um determinado período de tempo para que você possa desfrutar de um momento sozinho com a sua companheira e o seu filho.

As duas primeiras semanas de vida com o recém-nascido podem frequentemente parecer como se você estivesse em uma montanha-russa emocional. Em alguns dias, tudo isso será estressante, frustrante e cansativo. Mas em outros dias, você vai se sentir muito feliz e realizado. Em geral, será uma experiência inesquecível, por isso, garanta uma pausa de vez em quando para apreciar esse período à medida que ele se desenrola.

## Resumo do Capítulo 4

- As primeiras duas semanas de paternidade podem ser vistas como um período de adaptação às novas circunstâncias e responsabilidades.
- É normal que os bebês recém-nascidos durmam até dezesseis horas por dia.
- Você deve esperar ter de alimentar o seu bebê em um período entre duas e seis horas, dia e noite.
- As primeiras evacuações de um recém-nascido consistem de uma substância verde-escura (quase preta) conhecida como mecônio. Isso é perfeitamente normal.
- Também é normal que você e sua companheira vivenciem uma grande variedade de emoções à medida que vocês se adaptam ao seu novo bebê.
- Estabeleça um sistema de apoio para ajudá-los nos primeiros – e difíceis – dias. Ao mesmo tempo, proteja seu tempo com a família pedindo que os visitantes liguem com antecedência.
- As primeiras duas semanas de paternidade serão uma experiência inesquecível, por isso, garanta uma pausa de vez em quando para apreciar esse período à medida que ele se desenrola.

# Capítulo 5
## Seu papel como um grande pai

Ser um grande pai não é como ser um grande artesão. Um grande artesão pode dominar um conjunto específico de habilidades e, então, continuar utilizando as mesmas habilidades no dia a dia, ano após ano, sem perder a eficácia. Um grande pai não consegue fazer isso. Seu papel como um grande pai terá de mudar à medida que seus filhos forem crescendo. Se não fizer isso, você não será tão grande quanto poderia ser. É claro que algumas coisas, por exemplo, dar amor incondicional e liderar, podem e devem permanecer constantes, independentemente de quantos anos o seu filho tenha. Mas, mesmo nesse caso, a sua abordagem deve mudar se você quer obter êxito constante nos próximos anos.

Por exemplo, quando você for pai de uma criança, focará especialmente a disciplina e a educação. Isso vai funcionar bem no contexto de criar uma criança, mas se você tentar utilizar a mesma abordagem para criar um filho de dez anos de idade ou um adolescente, você não será muito efetivo. Não porque a abordagem, em si, é inválida, mas simplesmente porque não é a mais adequada para uma criança mais velha.

Como ser um grande pai em longo prazo requer que você aprenda a adaptar a sua abordagem conforme seu filho cresce e amadurece, alguns dos capítulos a seguir vão focar um aspecto específico da paternidade ao longo de quatro períodos de tempo.

## DE 0 A 5 ANOS

Os primeiros cinco anos de vida são aqueles em que seu filho faz uma espécie de progresso surpreendente, não só física, mas também intelectual, emocional e socialmente. O salto de recém-nascido, que é totalmente dependente dos outros para quase tudo, para uma criança muito mais independente de cinco anos de idade, que consegue se alimentar e se limpar, assim como andar, falar e brincar, é verdadeiramente algo notável. É também algo crucial para você como um grande pai.

Ao longo dessa fase da vida, seu filho vai aprender principalmente por meio da interação com os adultos e seguindo o exemplo destes. Se uma criança vir seu pai na frente da televisão diariamente, ela assumirá que isso é um bom hábito de pessoas "adultas" e, portanto, começará a fazer igual. Certamente, a boa notícia é que essa tendência de seguir o exemplo dos adultos funciona igualmente, e muito bem, com os hábitos positivos. Se uma criança vir seu pai fazendo exercícios físicos diariamente e comendo frutas e verduras, ela vai começar a adotar esses hábitos com extrema facilidade. Lembre-se sempre de que, quando se trata de resultado, o que você faz fala muito mais alto do que o que você diz.

É claro que o que você diz ainda conta para muita coisa. Um dos grandes avanços para uma criança nessa fase é aprender a se comunicar. A linguagem à qual uma criança é exposta durante esses anos cruciais passará a fazer parte do seu vocabulário habitual. Isso significa que, se você não quer que o seu filho saia falando diversos palavrões por aí, garanta que você não sairá pela casa, inadvertidamente, ensinando-o por meio de seu próprio vocabulário. E se quiser que a criança seja educada e adquira o hábito de dizer "por favor" e "obrigado", você precisará assegurar que você também faça isso sempre que for apropriado.

Você também precisa estar ciente de que esses são os anos em que uma criança começa a formar uma identidade. Como você é um modelo significativo na vida do seu filho, ele vai olhar para você ao tentar entender o que é ser um ser humano. Isso significa que se você chamar, rotineiramente, seu filho de estúpido, preguiçoso ou desobediente, ele começará a ver-se dessa forma e a agir de acordo. Você deve, portanto, estar determinado a começar a ajudar seu filho a desenvolver uma autoimagem positiva e capaz, elogiando cada ação de sucesso dele com palavras de incentivo.

Nesses primeiros cinco anos, é perfeitamente normal que os filhos testem os seus limites a fim de aprender a diferença entre o que é um comportamento aceitável e o que é um comportamento inaceitável. Também é perfeitamente normal que um filho desobedeça deliberadamente à medida que ele tentar fazer valer a própria vontade no mundo. Lembre-se de que essas fases não duram para sempre e são apenas uma parte do processo natural de aprendizagem. Mas se você tiver algo a criticar, critique o comportamento, e não seu filho. Dizer que "jogar os brinquedos na TV é uma atitude malcriada" é muito mais preciso do que dizer "você é um menino malcriado". A primeira frase critica o comportamento, já a segunda critica o seu filho e pode ter um efeito negativo sobre o desenvolvimento dele ou sobre a autoimagem que ele está criando de si mesmo. Vamos analisar esse importante assunto um pouco mais adiante, ao examinarmos a saúde psicológica e emocional, no Capítulo 8.

O ponto final aqui é que o seu papel como um grande pai para essa primeira fase de vida deve centrar-se em ensinar pelo exemplo. Entenda que as suas ações diárias têm um impacto muito grande sobre o seu filho e servirão de base para os hábitos e as ações futuras dele. Não basta dizer a ele o que deve ser feito, mas mostrar-lhe várias vezes, fazendo você mesmo.

## Dos 6 aos 10 anos

Dos seis aos dez anos de idade, os filhos tornam-se ainda mais independentes. Eles começam a desenvolver seu próprio gosto por roupas, a escolher seus próprios amigos e a fazer suas próprias distinções sobre o mundo em que vivem. Enquanto um filho de quatro ou cinco anos de idade pode acreditar cegamente em cada palavra que você diz, os filhos entre os seis e os dez anos vão começar a questionar as coisas e a formar suas próprias opiniões – o que provavelmente seja o motivo pelo qual o Papai-Noel começa a perder a maior parte de seu apelo para as crianças dessa idade.

Para ser um grande pai nessa fase da vida do seu filho, você precisará continuar se concentrando em passar um bom exemplo, mas, cada vez mais, você também terá de explicar seus motivos para pedir que as coisas sejam feitas de certa maneira. Dizer "Não jogue bola dentro de casa" vai comumente resultar em uma resposta bastante simples: "Por quê?" Isso não quer dizer que o seu filho está tentando ser difícil, mas que ele realmente quer saber por que não é adequado jogar bola dentro de casa. Infelizmente, se você voltar com um "Porque eu disse que não é, e pronto", você estará perdendo uma grande oportunidade de ensinar seu filho sobre causa e efeito. Seria melhor explicar que jogar bola dentro de casa pode acabar quebrando algo ou machucando alguém. Muitas vezes, quando as crianças entendem a razão pela qual devem ou não fazer determinada coisa, elas começam a obedecer tais pedidos sem argumento. Pode ser necessário explicar a mesma relação de causa e efeito várias vezes antes de realmente conseguir fazer seu filho entender, mas se você escolher explicá-la em vez de exigir o cumprimento da ordem só porque você mandou, você terá muitas oportunidades de ensinar seu filho sobre a causa e o efeito e sobre a importância de assumir responsabilidade pessoal.

É durante essa fase da vida que a maioria dos filhos começa a criar e terminar relacionamentos com os amigos. Eles começam a se ver não apenas como indivíduos, mas como membros da sociedade. Eles começam a classificar seus colegas como membros de grupos distintos – amigos, inimigos e neutros – e começam a ajustar suas interações com os outros na base dessas distinções internas. Eles começam a ter suas primeiras experiências com a pressão dos amigos (o que é discutido no Capítulo 9) e a aprender rapidamente sobre a aceitação e a rejeição e sobre o que é "legal" e o que "não é legal".

Às vezes, enfrentar problemas como esses pode ser um desafio, portanto, você precisará ser especialmente solidário e ajudar seu filho a lidar com tais problemas de forma eficaz. O que você precisa deixar claro para ele/ela agora – se já não o fez – é que você está do lado dele e ele pode procurar sua ajuda e seu apoio sempre que necessário, tanto com relação a problemas grandes como pequenos. Se seu filho está feliz com o fato de pedir a sua ajuda com pequenos problemas agora, ele estará suscetível a procurá-lo, no futuro, quando estiver enfrentando problemas que podem ser muito maiores.

## Dos 11 aos 15 anos

Há duas palavras que fazem muitos pais quererem enfiar a cabeça dentro de um buraco ou se esconder em um canto: puberdade e adolescência. A primeira leva, naturalmente, à segunda, e você terá de lidar com essas duas questões nas terceira fase da vida do seu filho. Se essa ideia o assusta, relaxe. É um caminho pelo qual todos os pais passam, e a realidade é que é um trajeto potencialmente atordoante, tanto para você como para seu filho.

De uma perspectiva puramente fisiológica, seu filho passará por muitas mudanças, e você precisa estar presente para ajudá-lo a entender o que está acontecendo e fornecer apoio por todo o processo. Mas você também precisa mudar sua abordagem do ponto de vista emocional.

Essa fase é quando a criança faz a transição gradual de um ser humano razoavelmente dependente de alguém a outro que é, aos quinze anos, capaz de tomar a maioria das próprias decisões. O problema é que o seu filho ainda não atingiu completamente esse nível – não está física ou emocionalmente maduro o suficiente para viver de forma independente, mas, muitas vezes, está sentindo o contrário disso tudo.

Se você continuar tratando seu filho nessa fase da vida como se ele fosse uma criança de dez anos, o que terá em troca serão muitos conflitos e brigas. Ao mesmo tempo, se você der asas ao seu filho, é possível que a imaturidade dele em determinadas áreas cause problemas.

Mas qual é a solução?

A solução – e o caminho para ser um grande pai – é reconhecer essa fase como aquela em que você precisa dar mais espaço ao seu filho. Quanto mais velhos os filhos ficam, de mais espaço eles precisam para se sentirem independentes. Senão eles terão um sentimento de repressão ou sufocamento. Ao aumentar gradualmente a quantidade de liberdade e responsabilidade dada aos filhos, você poderá ajudá-los a fazer a transição da puberdade para uma vida adulta da forma mais suave e confortável possível.

## Dos 16 aos 20 anos

Essa quarta e última fase é aquela na qual a criança se torna um adulto do seu próprio jeito. Seu filho terá agora de tomar algumas decisões muito difíceis sobre um caminho na vida e como chegar lá. Seu papel como um grande pai aqui é ser um torcedor e conselheiro. Nessa fase, você já terá dado ao seu filho a liberdade de que ele precisa para tomar decisões de forma independente, mas ainda precisará estar disponível, se e quando ele precisar da sua ajuda com essas decisões. O fato é que ele ainda não tem muita experiência de vida na qual se basear quando confrontado por escolhas difíceis, por isso ele vai frequentemente precisar contar com a sua ajuda.

Ser um grande pai de um jovem adulto significa estar disposto a dar conselhos, mas não insistir para o que conselho seja aceito. Esse é um dos aspectos mais difíceis da paternidade, porque é agora que você percebe que não é mais tão indispensável, pelo menos do ponto de vista do seu filho. Sim, ele ainda o ama tanto quanto o amava há alguns anos, mas não precisa mais de você tanto quanto naquela época.

Assim que essa fase tiver terminado (mais ou menos um ano), seu filho será totalmente independente e começará a "viver" uma vida sozinho. É claro que um filho é algo que nós temos para sempre, e não apenas durante os primeiros vinte anos – por isso, no Capítulo 16, vamos olhar "Sendo um grande pai de um adulto".

Como você pôde ver, seu papel como um grande pai deve mudar de diversas formas conforme o seu filho passa de um recém-nascido a um adulto, por isso vamos, a seguir, dar uma olhada nos aspectos mais importantes de ser um grande pai e analisar como a abordagem adotada em cada área precisa ser ajustada à medida que a criança amadurece.

## Resumo do Capítulo 5

- Embora ainda haja algumas coisas – como dar amor incondicional e liderar pelo exemplo – que podem e devem permanecer iguais, não importa quantos anos o seu filho tenha, seu papel como um grande pai terá de mudar à medida que ele crescer.
- Entre zero e cinco anos, seu papel como um grande pai deve focar o ensino pelo exemplo. Entenda que suas ações diárias têm um impacto muito grande sobre seu filho e vão formar a base para os hábitos e as ações dele. Não só diga ao seu filho o que ele deve fazer, mas demonstre repetidamente, fazendo, você mesmo, o que está pedindo que ele faça.
- Entre seis e dez anos, você precisa continuar se concentrando em estabelecer um bom exemplo, mas cada vez mais você também terá de explicar os motivos pelos quais você deseja que ele faça determinada coisa de certa maneira. Você também precisa deixar claro para seu filho o fato de que você está do lado dele e ele pode contar com você para ajudá-lo e apoiá-lo em todos os problemas.
- À medida que ele passar pela puberdade e pela adolescência, você precisará estar presente para ajudá-lo a entender o que está acontecendo e oferecer apoio em todo o processo. Você também precisa aumentar gradualmente a quantidade de liberdade e responsabilidade dada ao seu filho para ajudá-lo a fazer a transição da puberdade

para uma vida adulta da forma mais suave e confortável possível.
- Entre dezesseis e vinte anos, seu papel como um grande pai é, primariamente, ser um torcedor e conselheiro. Nessa fase, você já terá dado ao seu filho a liberdade de que ele precisa para tomar decisões de forma independente, mas ainda precisará estar disponível, se e quando ele precisar da sua ajuda com essas decisões.

# Capítulo 6
## Arranjando tempo para a paternidade

### Do ponto de vista de um filho

*Sei que o meu pai me ama. Ele diz isso o tempo todo e vive me dando coisas. Na semana passada foi um jogo de computador novo. Uma semana antes foi um CD da minha banda favorita. Mas, às vezes, eu gostaria que ele passasse mais tempo comigo. Sei que ele está ocupado e, além disso, ele sempre me diz o quanto tem que trabalhar para pagar as contas, então tento não exigir muito em relação a isso. Mas, para falar a verdade, eu prefiriria ficar sem os jogos de computador e CDs para que ele não tivesse que trabalhar tanto para pagar tudo isso. Assim, talvez ele conseguisse me dar o que eu realmente quero... Apenas uma ou duas horas durante a noite para brincarmos juntos ou uma tarde de sábado divertida no parque.*

### Arranjando tempo

Há duas escolas de pensamento relacionadas ao tipo de tempo do qual os filhos precisam para crescer. Algumas pessoas argumentam que os filhos precisam de tempo em quantidade e que eles precisam de períodos de tempo extensos com seus pais para se sentirem amados e seguros. Para essas pessoas, o que você faz durante o seu tempo juntos não é considerado tão importante como a quantidade de tempo passado juntos. Outros dizem que a quantidade é irrelevante e que o que os filhos realmente querem é tempo de qualidade, momento no qual o pai acaba dedicando todo o tempo gasto somente aos filhos, jogando videogames, conversando e, conscientemente, tornando aquele tempo juntos o mais produtivo possível.

Acho que a abordagem mais comum situa-se entre esses dois extremos. Sim, os filhos precisam passar mais tempo com você para que eles realmente se sintam ligados, valorizados e amados. Mas eles também precisam conseguir relaxar ao seu lado, em vez de ficarem olhando ansiosamente para o relógio só porque sabem que você tem apenas meia hora para se dedicar a eles. Portanto, a qualidade e a quantidade são igualmente importantes.

Tendo sido dito que ser um grande pai leva tempo, onde encontraremos esse tempo necessário? Essa é uma pergunta com a qual muitos pais lutam diariamente, mas a resposta é bastante simples. Grandes pais não se incomodam ao tentar *encontrar* tempo para estar com os filhos. Em vez disso, eles realmente *arrumam* esse tempo.

Não importa quem sejamos, todos nós temos exatamente a mesma quantidade de horas todos os dias, a mesma quantidade de dias por semana e a mesma quantidade de semanas por ano. Como utilizamos as horas, os dias e as semanas depende muito de nós mesmos. Embora reclamemos com frequência que temos de fazer isso ou aquilo, a verdade é que ninguém tem de fazer nada de que não goste. Todos nós temos o poder de escolher como gastar nosso tempo com base em nossas prioridades.

Nossas prioridades são as coisas que consideramos ser muito importantes para nós mesmos. Para a maioria dos homens, trabalhar para ganhar a vida é uma grande prioridade, pois isso nos permite sustentar nossas famílias – e a nós mesmos. Os hobbies, por outro lado, tendem a estar bem lá embaixo na nossa lista de prioridades. Portanto, quando se trata de decidir como vamos gastar o tempo, investimos naturalmente mais no nosso trabalho do que nos nossos hobbies, porque essa é a forma como priorizamos as coisas.

Infelizmente, a maioria das pessoas nunca para um momento para, de forma consciente, criar sua lista de prioridades pessoais ou, de forma deliberada, planejar como vai gastar o tempo que tem disponível. Isso normalmente significa que essas pessoas desperdiçam muito do próprio tempo, mesmo sem perceber.

Por exemplo, muitos homens que têm inconscientemente o trabalho como sua prioridade vão começar a trabalhar todas as manhãs, passar a quantidade necessária de horas fazendo isso e, então, ir para casa. O resto do dia será utilizado para fazer um pouco disso e daquilo, sem nenhum senso real de propósito ou foco. Resumindo, eles acabam focando coisas pequenas e gastando muito de seu tempo "livre" em atividades que não são muito importantes no esquema mais amplo das coisas – atividades como assistir à televisão, ir ao bar e cochilar no sofá.

Os grandes pais não fazem isso. Eles optam, em vez disso, por organizar e viver suas vidas de uma forma mais deliberada e consciente para que tenham todo o tempo necessário para ficar com seus filhos, e fazem isso por meio de três passos simples:

- Eles organizam conscientemente sua lista de prioridades com base nas necessidades e nos valores pessoais.
- Eles dividem o tempo que têm disponível de acordo com essa lista e programam as atividades da mesma forma como agendariam reuniões de negócios importantes ou consultas médicas.
- Eles vivem em prol de suas programações, garantindo, assim, que o que foi planejado vire realidade.

Tudo isso pode soar um pouco formal, mas na prática não é tão formal assim – é apenas uma organização bastante sensata – e quando você se acostumar com o processo, tudo isso vai rapidamente fazer parte do seu dia a dia. Vamos examinar cada passo para que consigamos saber exatamente como gerenciar o próprio tempo utilizando esse sistema de sucesso do grande pai.

## Três passos

### Passo 1: Organize conscientemente suas prioridades

Pegue um bloco de papel e um lápis e sente-se num lugar tranquilo durante mais ou menos quinze minutos. Durante esse tempo, liste as coisas que são realmente importantes na sua vida, por exemplo, o relacionamento com a sua esposa, sua saúde, seus filhos e seu trabalho. Em seguida, liste as coisas que não são tão importantes, mas que você ainda gostaria de passar um tempo fazendo, como hobbies e interesses etc. Ao terminar, você terá uma lista clara de suas prioridades primárias e secundárias que poderá ser utilizada para gerenciar seu tempo e sua vida de forma mais eficaz.

**Passo 2: Programe seu tempo com base nas prioridades**

Agora utilize mais quinze minutos e monte um "cronograma de estilo de vida" para sua semana. O cronograma poderá ser igual a este:

|       | Seg | Ter | Qua | Qui | Sex | Sáb | Dom |
|-------|-----|-----|-----|-----|-----|-----|-----|
| 07h00 |     |     |     |     |     |     |     |
| 08h00 |     |     |     |     |     |     |     |
| 09h00 |     |     |     |     |     |     |     |
| 10h00 |     |     |     |     |     |     |     |
| 11h00 |     |     |     |     |     |     |     |
| 12h00 |     |     |     |     |     |     |     |
| 13h00 |     |     |     |     |     |     |     |
| 14h00 |     |     |     |     |     |     |     |
| 15h00 |     |     |     |     |     |     |     |
| 16h00 |     |     |     |     |     |     |     |
| 17h00 |     |     |     |     |     |     |     |
| 18h00 |     |     |     |     |     |     |     |

|       | Seg | Ter | Qua | Qui | Sex | Sáb | Dom |
|-------|-----|-----|-----|-----|-----|-----|-----|
| 19h00 |     |     |     |     |     |     |     |
| 20h00 |     |     |     |     |     |     |     |
| 21h00 |     |     |     |     |     |     |     |
| 22h00 |     |     |     |     |     |     |     |

Esse cronograma de vida semanal representa toda a sua semana em segmentos de uma hora, começando às 07h00 e terminando às 23h00 todos os dias. O que você precisa fazer agora é alocar tempo para suas necessidades pessoais e prioridades primárias (o que obviamente inclui o tempo com seus filhos). Depois de ter feito isso, você poderá dividir o tempo que sobrar entre as prioridades secundárias (hobbies e interesses) e tempo livre, que são basicamente os segmentos em branco que você poderá desfrutar como quiser. É uma boa ideia incluir um segmento de tempo livre a cada dia, porque isso proporcionará ao seu cronograma certa flexibilidade para lidar com situações emergenciais e tarefas inesperadas de forma muito mais fácil.

Por exemplo, digamos que você precise trabalhar das 8h às 16h, de segunda a sexta-feira, e que você também precise passar mais tempo com seus filhos diariamente e com sua companheira para conseguir, assim, nutrir e desenvolver o seu relacionamento com ela. Suas prioridades secundárias são tocar berimbau e fazer, sozinho, a manutenção da casa. Com essas novas prioridades em mente, você pode optar por programar seu tempo da seguinte forma:

|       | Seg       | Ter       | Qua       |
|-------|-----------|-----------|-----------|
| 07h00 |           |           |           |
| 08h00 | trabalho  | trabalho  | trabalho  |
| 09h00 | trabalho  | trabalho  | trabalho  |
| 10h00 | trabalho  | trabalho  | trabalho  |
| 11h00 | trabalho  | trabalho  | trabalho  |
| 12h00 | trabalho  | trabalho  | trabalho  |
| 13h00 | trabalho  | trabalho  | trabalho  |
| 14h00 | trabalho  | trabalho  | trabalho  |
| 15h00 | trabalho  | trabalho  | trabalho  |
| 16h00 |           |           |           |
| 17h00 | filhos    | filhos    | filhos    |
| 18h00 | filhos    | filhos    | filhos    |
| 19h00 | filhos    | filhos    | filhos    |
| 20h00 | berimbau  | berimbau  | berimbau  |
| 21h00 | esposa    | esposa    | esposa    |
| 22h00 |           |           |           |

Agora você já programou seu tempo de uma forma que vai ajudá-lo a passar três horas por dia com seus filhos, pelo menos uma hora sozinho diariamente com a sua parceira e ainda terá tempo para trabalhar e aprender a tocar berimbau. Você também garantiu que conseguirá tirar meio dia do sábado para fazer

| Qui | Sex | Sáb | Dom |
|---|---|---|---|
| | | | |
| trabalho | trabalho | manutenção | |
| trabalho | trabalho | manutenção | filhos |
| trabalho | trabalho | manutenção | filhos |
| trabalho | trabalho | manutenção | filhos |
| trabalho | trabalho | manutenção | filhos |
| trabalho | trabalho | filhos | |
| trabalho | trabalho | filhos | |
| trabalho | trabalho | filhos | |
| | | filhos | |
| filhos | filhos | | |
| filhos | filhos | | |
| filhos | filhos | | |
| berimbau | berimbau | esposa | |
| esposa | esposa | esposa | |
| | | | |

manutenção e a outra parte para passar com seus filhos. Você pode passar mais meio dia com os seus filhos no domingo e terá o resto do dia completamente em branco para usar como quiser.

Certamente, esse padrão específico não atenderá a muitas pessoas. Alguns de vocês terão de trabalhar mais horas, talvez trabalhar seis dias por semana em vez de cinco etc. Mas esse não é exemplo que deve ser copiado cegamente. Eu o forneço aqui só para que você veja como programar seu tempo utilizando um cronograma de estilo de vida que o ajude a organizar sua vida de forma mais eficaz com base nas suas próprias listas de prioridades.

Dito isso, acredito que na maioria das circunstâncias o grande pai deva tentar aderir a alguns objetivos básicos, como estes:

- Passe pelo menos uma hora por dia com seus filhos.
- Passe pelo menos a metade de um dia por semana com eles e com sua companheira.
- Passe um fim de semana inteiro por mês com seus filhos e com sua companheira.
- Passe uma semana inteira a cada três meses com seus filhos e com sua companheira.

Por que eu disse "e com a sua companheira" em três das linhas anteriores? Porque os filhos ficam mais felizes quando estão passando um tempo com o pai e a mãe juntos. Se você conseguir organizar isso, então a união familiar vai crescer cada vez mais – e com muito mais força. Obviamente, às vezes só isso não é possível. Por exemplo, muitos pais não moram com suas companheiras ou com seus filhos. A boa notícia é que isso não significa que seja impossível continuar sendo um grande pai, e vamos abordar esse tema específico em detalhes no Capítulo 19, "Vivendo separados".

## Passo 3: Viver de acordo com o seu cronograma

Nessa fase você resolveu de forma consciente as suas prioridades e programou seu tempo de acordo com o cronograma de estilo de vida. O terceiro passo agora é começar a viver de acordo com a sua programação, gastar seu tempo como planejado.

Embora tudo isso seja muito simples na teoria, pode ser difícil fazê-lo no início. Os seres humanos são criaturas tão habituais que fazer qualquer coisa diferente os faz sentir-se estranhos e artificiais no começo. A boa notícia é que, se você se obrigar a seguir o cronograma por três semanas consecutivas, descobrirá que conseguiu estabelecer um novo hábito, e continuar vivendo dessa forma se tornará algo tão natural como seu estilo de vida atual.

Um efeito colateral muito bom do viver de acordo com um cronograma de estilo de vida baseado em suas prioridades pessoais é que ele vai ajudá-lo a alcançar um equilíbrio saudável entre o trabalho e o resto da sua vida. Como você tem um horário programado para sua vida pessoal, vai se sentir emocionalmente "livre" para apresentar um desempenho melhor no trabalho. E ao trabalhar bem, você será capaz de desfrutar melhor sua vida pessoal.

Ao começar a viver de acordo com o cronograma de estilo de vida, não se esqueça de focar apenas as atividades programadas que tem em mãos. Não há nada pior do que estar no trabalho pensando em tudo o que você tem de fazer quando chegar em casa, só para chegar em casa e começar a pensar em tudo o que você tem de fazer quando voltar ao trabalho. Foque o mais plenamente possível o momento presente. Quando você estiver com seus filhos, aproveite e viva esse tempo com eles. Quando estiver no trabalho, aproveite e viva esse tempo no trabalho. A vida é curta, e passar parte dela pensando em estar em outro lugar só vai frustrá-lo. Viver "o momento" e centrar-se na experiência daquele momento, por comparação, vai permitir que extraia uma felicidade enorme de cada dia – e construa um banco de memórias fantásticas que será desfrutado na sua velhice.

## Algumas coisas sobre tempo de qualidade

Até agora, discutimos como dar ao seu filho uma quantidade do seu tempo. Mas precisamos abordar o tema igualmente importante da qualidade. O tempo de qualidade é um momento que está programado para um fim específico. Isso torna o tempo que você passa com os seus filhos mais agradável, porque é mais produtivo se divertir do que reclamar.

Tenha como objetivo tornar pelo menos um quarto do tempo que você passa com o seu filho semanalmente um tempo de qualidade. Planeje fazer coisas juntos – praticar um esporte, ir ao parque, visitar um museu, fazer uma viagem, ir ao cinema e assim por diante. Quando você compartilha experiências como essas com seu filho, é fácil para ele ou ela ver que você realmente gosta de viver de uma forma envolvida, em vez de simplesmente "estar lá" como um espectador distante.

E se você não conseguir pensar em nada especial para fazer? Pergunte ao seu filho. Os filhos são infinitamente criativos e geralmente têm pelo menos uma dúzia de ideias antes de uma pausa para respirar.

## ENSINANDO O SEU FILHO A GERIR O TEMPO

Seus filhos vão aprender muito sobre como gerenciar o próprio tempo observando como você gerencia seu tempo. Se você administrar seu tempo consciente e deliberadamente, como acabamos de discutir, então, esses hábitos vão ensinar seus filhos a fazerem o mesmo.

Além de ensinar pelo exemplo, existem outras maneiras de ajudar seus filhos a aprenderem a gerir o próprio tempo de forma mais eficaz. Você pode considerar usar:

### De 0 a 5

Os filhos apreciam estrutura e repetição muito mais do que a maioria das pessoas imagina. Eles gostam de saber o que esperar de cada dia – não de modo que cada dia seja exatamente igual, mas de forma que existam elementos-chave bastante normais e previsíveis. Por isso, você deve procurar estabelecer algumas rotinas simples e padrões. Ter horários fixos para acordar, fazer as refeições, tomar banho e ir para a cama. Isso proporcionará ao seu filho uma sensação de segurança – e proporciona a você, como pai, um senso de organização.

**Dos 6 aos 10**

À medida que seus filhos ficarem mais velhos, ajude-os a estabelecer seus próprios horários para fazer as coisas, por exemplo, a limpeza dos quartos, a lição de casa ou até mesmo assistir à TV. Ao dar a eles mais controle sobre a maneira como utilizam o próprio tempo, você conseguirá educá-los sobre como o tempo deles é limitado e precisa ser conscientemente organizado se eles quiserem utilizá-lo de forma eficaz.

**Dos 11 aos 15**

Nessa fase você pode conseguir que seus filhos criem uma versão simples do cronograma do estilo de vida utilizado anteriormente neste capítulo. Ajude-os a fazer uma lista das próprias prioridades (diversão, fazer a lição de casa, brincar com os amigos, ir aos clubes da escola etc.) e a criar um cronograma completo de estilo de vida que permita a eles fazerem todas as coisas que querem fazer, em qualquer semana. Se um bom gerenciamento de tempo for desenvolvido como um hábito nesse momento na vida dos seus filhos, é bem mais provável que eles continuem utilizando tais hábitos – ou pelo menos uma versão deles – no futuro.

**Dos 16 aos 20**

Até esse momento, os seus filhos provavelmente já saberão gerir o tempo eficazmente. Eles podem precisar de mais ajuda para descobrir o que é importante e o que não é tão importante. Nós todos queremos fazer mais coisas do que o tempo que temos nos permite, portanto, seu trabalho aqui será o de ajudar seus filhos a centrarem-se nas prioridades à medida que eles tomam algumas decisões bastante importantes sobre estudo, trabalho e estilo de vida.

Quando tudo estiver dito e feito, temos de lembrar que o tempo nunca pode ser conquistado, só gerenciado. Você deve, portanto, esperar rever as suas prioridades e o cronograma regularmente – pelo menos uma vez a cada três meses – para que consiga acomodar as suas necessidades de mudança, em vez de tentar fazê-las caber no cronograma existente.

# Resumo do Capítulo 6

- Passar um tempo com os seus filhos é importante, e é preciso dar aos filhos muito tempo. Tenha como objetivo proporcionar a eles pelo menos uma hora por dia, meio dia por semana, um fim de semana inteiro por mês e uma semana a cada três meses.
- Grandes pais não *encontram* tempo para passar com seus filhos, eles *criam* o tempo.
    - 1º passo: organize de forma consciente as suas prioridades para conseguir saber o que é realmente importante para você.
    - 2º passo: crie um cronograma de estilo de vida e programe seu tempo de modo que as suas prioridades primárias tenham precedência.
    - 3º passo: viva de acordo com seu cronograma. Isso pode ser difícil no começo, mas se você segui-lo por três semanas, verá que ele vai se tornar um novo hábito.
- Garanta que pelo menos um quarto do tempo que você passa com os seus filhos a cada semana seja um tempo de qualidade. Esse tempo está programado para um fim específico.

# Capítulo 7
## Saúde Física

A saúde do seu filho é a sua prioridade, por isso, neste capítulo, vamos focar os aspectos da vida que têm impacto sobre a saúde e discutir como gerenciá-los efetivamente. Não vamos abordar a cura de doenças específicas – coisas como gripe ou sarampo são obviamente uma parte natural do crescimento e, nessas circunstâncias, ser um grande pai significa basicamente garantir que seu filho receba amor e atenção médica adequada –, mas, em vez disso, as várias formas de ajudar nossos filhos a criarem hábitos de vida que visam à saúde em longo prazo. Os "hábitos para uma vida saudável" aos quais me refiro são bastante simples e familiares para a maioria das pessoas:

- uma dieta saudável;
- exercícios regulares;
- rotina de sono saudável.

O problema para a maioria dos pais é que os filhos geralmente não gostam de fazer coisas saudáveis, especialmente se eles já criaram hábitos opostos. Não preciso nem dizer que não queremos transformar nossos filhos em maníacos da saúde – e, assim, correr o risco de fazê-los adquirir uma obsessão doentia –, mas há coisas que podemos fazer para ajudá-los a adotar hábitos mais saudáveis e tornar todo o processo indolor, se não totalmente agradável.

## UMA DIETA SAUDÁVEL

Nós todos sabemos que uma dieta nutritiva e bem-equilibrada é fundamental para uma boa saúde. O corpo humano – seja o de sete ou o de setenta anos de idade – é uma máquina bem-programada, e a comida que colocamos no sistema físico é o combustível que fornece a energia necessária para a máquina funcionar corretamente. Se colocarmos combustível inadequado nessa máquina física, ela não vai funcionar tão eficientemente quanto foi projetada para fazê-lo. Mas se colocarmos combustível de qualidade nessa máquina adotando uma dieta saudável, ela vai funcionar mais perfeitamente, fornecer mais energia e reduzir o risco de quebrar no futuro.

É claro que a pergunta é: O que é exatamente uma dieta saudável? Bem, há centenas de livros alegando nos oferecer uma resposta, mas, apesar de todas as dietas da "moda" promovidas, é muito simples definir uma dieta saudável:

*Uma alimentação saudável é um equilíbrio entre proteínas e carboidratos bons. É rica em frutas, verduras e fibras e contém pouco sal, açúcar, gorduras saturadas e aditivos artificiais.*

Os alimentos de conveniência – ou seja, aqueles que são pré-prontos ou processados de alguma forma – são muito populares entre os filhos de todas as idades (e entre os adultos também), mas muitos deles são tão cheios de sal, açúcar, gorduras e aditivos que o consumo excessivo pode realmente causar uma doença física – pelo menos em longo prazo. Alguns aditivos podem também ter efeitos psicológicos negativos. Por exemplo, tem-se demonstrado que o consumo excessivo de alimentos e bebidas com corantes artificiais pode transformar um filho em uma criança hiperativa.

Isso não significa que você não deve permitir que seu filho consuma alimentos ou bebidas que se enquadrem nessa categoria, mas, como um grande pai, você certamente deve se certificar de que tais alimentos sejam consumidos com moderação, não em excesso.

Fazer um filho se alimentar com uma dieta saudável – rica em frutas, legumes, fibra etc. – nem sempre é fácil. Mas também está longe de ser impossível. Eis algumas dicas para ajudá-lo com essa tarefa:

- Proporcione ao seu filho um café da manhã saudável diariamente. Muitas crianças amam cereais; nesse caso, escolha um cereal com baixos teores de açúcar e sal e rico em fibras. Se o seu filho preferir algo mais doce, você poderá deixar o cereal mais apetitoso adicionando pedaços de banana e um pouco de uvas passas ou mel orgânico.
- Sirva pelo menos uma porção de legumes e verduras frescas com cada refeição principal. Esses vegetais frescos contêm muito mais vitaminas e minerais do que seus equivalentes em conserva ou congelados. Se seu filho for comer apenas um ou dois legumes e verduras "favoritas" dele, servi-

-los em todas as refeições é muito melhor do que não servir nada.
- Se você tiver de utilizar os famosos "pratos pré--prontos" de vez em quando (e eles são úteis em um dia particularmente movimentado), foque as opções saudáveis com baixos teores de gordura, açúcar e sal.
- Adquira o hábito de ler os rótulos de informações nutricionais sobre os alimentos que você compra. Tente evitar os alimentos que contêm uma grande quantidade de gorduras saturadas, óleos vegetais hidrogenados, açúcar, sal e aditivos artificiais.
- Limite a quantidade de doces e bolos consumida pelo seu filho. Opte por opções mais saudáveis, por exemplo, iogurtes, sobremesas e saladas de frutas, em vez de bolo de chocolate. Quando você realmente tiver que servir bolo de chocolate ou algo semelhante, escolha um tipo de bolo das séries mais "saudáveis" no supermercado mais próximo.
- Incentive o seu filho a beber sucos de frutas frescas em vez de bebidas artificialmente adoçadas. De longe, a água é a melhor opção, mas temos de ser realistas: poucas crianças gostam de beber água o dia todo.

Apresente as ideias anteriores lentamente se seu filho já possuir hábitos alimentares pouco saudáveis; caso contrário, comece você a comer o que deseja que ele coma. Os filhos tendem a comer o que veem seus pais comendo, portanto, se você mesmo começar a aderir a essas diretrizes de dieta saudável, provavelmente se dará conta de que seu filho começará rapidamente a seguir seu exemplo de forma automática.

Lembre-se: o objetivo aqui não é fazer da alimentação saudável uma religião. Você não quer tornar seus filhos pessoas extremamente conscientes em relação ao que eles comem de forma que eles fiquem obcecados por isso. Seja sensato e tenha como objetivo a moderação em todas as coisas.

### Lidando com filhos exigentes

Existe uma crença comum de que alguns filhos são "cheios de frescuras para comer" (só concordam em comer certos alimentos), enquanto outros comem qualquer coisa que colocamos na frente deles. A verdade é que muitos dos filhos mais jovens passam por fases curtas, nas quais eles podem ser classificados como "frescurentos", por isso, na maioria dos casos, não há nada com o que se preocupar excessivamente – muitas vezes, eles vão se cansar e começar a comer outros alimentos naturalmente. Se seu filho se recusar a comer algo específico por várias semanas ou se você estiver preocupado que essa exigência toda possa estar ocorrendo por causa de alguma condição médica subjacente, consulte um médico para obter orientação específica.

## EXERCÍCIOS REGULARES

Todos nós sabemos que o exercício físico faz bem para a saúde, pelo menos em teoria. Ele aumenta o metabolismo, que nos ajuda a queimar gordura mais rapidamente. Inunda nosso sistema com o oxigênio. Aumenta a produção de substâncias químicas naturais – as endorfinas – que nos fazem sentir nosso corpo. O exercício físico fortalece nosso sistema imunológico. E, como se tudo isso não bastasse, as pessoas que se exercitam regularmente têm níveis mais elevados de energia do que as que não o fazem.

Infelizmente, muitos adultos associam exercício a dor, esforço fatigante, exaustão e tédio. Em razão disso, muitos filhos acabam fazendo o mesmo. Incentivar um filho criança a se exercitar regularmente será, portanto, muito mais difícil se você chamar essa tarefa de exercício. Brincar é outra palavra totalmente diferente. Brincar significa divertir-se, ser enérgico, estar vivo. As crianças querem brincar o tempo todo e fariam isso com muita felicidade durante todo o dia, se pudessem.

A arte de conseguir que os filhos façam exercícios é, portanto, evitar a palavra exercício e, em vez disso, incentivá-los a brincar – fisicamente. Por exemplo, há muitos esportes agradáveis que eles podem praticar e que vão lhes proporcionar todo o exercício de que eles precisam se forem praticados regularmente. Considere as seguintes as ideias:

- Nadar. A natação proporciona um ótimo exercício cardiovascular completo de uma forma muito suave e de baixo impacto. Certamente, conseguir nadar também é uma habilidade com

potencial para salvar vidas e que todos os filhos devem aprender em algum momento da vida.
- Correr. A ideia de praticar corridas não vai agradar muitos dos pequeninos, mas você pode transformar esse tipo de exercício em um jogo, convidando seu filho a correr três vezes por semana em uma pista local de corrida.
- Pular em um trampolim. Os filhos adoram trampolins, e embora esse exercício pareça apenas diversão, ele é realmente uma ótima forma de condicionamento físico.
- Andar de bicicleta. Como a natação, o ciclismo proporciona um exercício cardiovascular de baixo impacto e também dá ao seu filho uma habilidade muito útil da qual ele ou ela poderá se beneficiar nas próximas décadas.
- Jogar tênis e badminton. Esses esportes fornecem um elemento de competição apreciado pela maioria das crianças. Não há nada de que um filho goste mais do que conseguir vencer o próprio pai!
- Esportes de equipe. Esportes como futebol, handebol, basquetebol e voleibol dão às crianças um objetivo para se manterem em movimento durante uma determinada quantidade de tempo. Os filhos muitas vezes não veem esses esportes como um exercício físico – especialmente os mais jovens –, eles apenas se concentram em ganhar.

Ao incentivar seus filhos a participarem dessas atividades, você estará automaticamente incentivando-os a fazer exercícios. Mas lembre-se de que nadar uma vez ao mês não é o suficiente. Para extrair o máximo de benefício de um exercício físico, ele precisa ser praticado pelo menos durante vinte minutos, três vezes por semana. É claro que você pode variar as coisas para manter o interesse do seu filho. Jogar futebol no jardim na segunda-feira, pular em um trampolim na quarta-feira e nadar no fim de semana vão assegurar que seu filho nunca fique entediado e proporcionarão todo o exercício físico de que ele precisa para ser forte e saudável.

## Uma rotina de sono saudável

A terceira coisa essencial para a saúde física é o sono. Os cientistas passaram décadas tentando descobrir por que exatamente a máquina do corpo humano precisa dormir para funcionar eficazmente. Apesar de não conseguirem fornecer uma resposta simples, sabemos que o sono é necessário para que o corpo se recupere e reponha suas reservas energéticas. Diz-se também que os sonhos desempenham um papel importante de nos manter psicologicamente saudáveis, porque o cérebro processa as informações coletadas enquanto estamos acordados.

A quantidade de sono de que precisamos varia conforme a idade. Como já vimos, os recém-nascidos passam frequentemente até dezesseis horas por dia dormindo. Entre um e cinco anos, a criança pode precisar de até doze horas de sono por dia. No momento em que uma criança atinge a idade escolar, a exigência média é de cerca de dez horas por dia.

Você deve ter notado que todas essas informações são médias. Cada criança é um indivíduo, por isso, não se preocupe se o seu bebê dormir durante dez horas em vez de doze. O importante é a saúde e o bem-estar. Se a criança está perfeitamente saudável e feliz com dez horas de sono por dia, tudo bem.

O problema para a maioria dos pais é, na verdade e primeiramente, conseguir que seus filhos durmam. As crianças jovens têm muita energia e veem cada dia como uma aventura única. Ir para a cama põe fim a essa aventura, por isso elas, muitas vezes, resistem o máximo possível.

Há três coisas que você pode fazer para ajudar o seu filho a estabelecer uma rotina de sono saudável. A primeira é tentar estabelecer a rotina o mais cedo possível na vida da criança. Mencionei isso em um capítulo anterior, mas é realmente importante que você e sua companheira discutam o assunto e definam um horário específico de dormir para seu filho. Ao fazer isso, a criança cresce com uma rotina fixa e estará muito menos propensa a discutir sobre o fato de ter que ir dormir do que se você pedisse a ela que fosse dormir num horário diferente todos os dias.

A segunda é deixar o quarto o mais confortável e agradável possível. É claro que isso dependerá da idade do seu filho e dos interesses pessoais dele. Se ele tem medo do escuro, coloque uma lâmpada de baixa potência no quarto para que ele ou ela se sinta confortável e seguro. As meninas mais novinhas (e não bebês, por razões de segurança) normalmente gostam de dormir com uma boneca macia. Os meninos podem preferir estrelas luminosas decorando o teto do quarto. Contanto que eles estejam seguros e se sintam confortáveis e felizes nos próprios quartos, você poderá exercer sua criatividade da forma que desejar.

A terceira coisa que você pode fazer é transformar o "ir dormir" em algo agradável. Crie um ritual para esse processo. Por exemplo, você pode dar ao seu filho um copo de leite e um pedaço de fruta ou um biscoito.

Em seguida, com os dentes escovados e após ter ido ao banheiro, embrulhe o seu filho na cama e passe dez ou quinze minutos lendo uma história para dormir ou converse sobre todas as coisas divertidas que vocês vão fazer no dia seguinte. Esse tipo de rotina agradável será muito mais atraente para seu filho do que fazer uma transição brusca do divertido para o sem-graça e, portanto, tende a produzir menos discussões na hora de ir para a cama.

## Lidando com doenças

Todos os filhos adoecem em algum momento, e isso acontece não importa quão saudáveis eles estejam no geral. Coisas como resfriados, gripe e sarampo são comuns, e se o seu filho conseguir evitar pegar todas essas doenças, você será um pai muito sortudo.

Porque nos preocupamos com os nossos filhos, é fácil entrar em pânico ou ficar muito ansioso quando eles estão doentes. O problema aqui é que as crianças captam a ansiedade de um adulto muito rapidamente, e se elas acharem que estamos muito preocupados, é bem possível que elas entrem em pânico. Por isso, a primeira coisa que você precisa fazer quando seu filho estiver doente é manter a calma. Conforte-o e passe a segurança de que a doença é apenas temporária e de que ele ou ela vai se sentir melhor em breve. Em seguida, vá ao médico para obter um diagnóstico e uma receita de remédios adequados, se necessário. Quando voltar para casa, ajude seu filho a se concentrar em algo que não seja a doença. Assistir à televisão, ler gibis e jogar videogame são permitidos nesse momento, pois são coisas que ajudam a distrair seu filho dos sintomas da doença.

Tente ser bastante paciente durante a doença. Isso pode ser difícil, porque os filhos tendem a adoecer nos momentos mais inconvenientes possíveis – mas eles não têm escolha e, portanto, não podem ser responsabilizado pelo ocorrido. É melhor lidar com isso ou você ficará tão estressado quanto incomodado.

## Resumo do Capítulo 7

- A saúde do seu filho é a sua prioridade. Boa saúde física requer uma dieta saudável, exercícios regulares e uma rotina de sono saudável.
- Uma alimentação saudável é um equilíbrio entre proteínas e carboidratos bons, ou seja, rica em frutas, verduras e fibras e com pouco sal, açúcar, gorduras saturadas e aditivos artificiais.
- Incentive seu filho a praticar exercícios (evitando a palavra) brincando atividades físicas e esportes. Tente fazer seu filho se exercitar dessa forma três vezes por semana.
- Adote uma rotina de sono saudável o mais cedo possível para a vida do seu filho. Torne a rotina divertida e o momento de ir para cama o mais gostoso e confortável possível.
- Se seu filho ficar doente, mantenha a calma. Ele ou ela vai sentir qualquer ansiedade que você mostre, portanto, não aparente estar excessivamente preocupado, mesmo que esse seja exatamente o seu sentimento naquela situação.

# Capítulo 8
## Saúde psicológica

Se a saúde física dos nossos filhos deve ser nossa prioridade, a saúde psicológica deles vem, obviamente, em um segundo lugar praticamente colado ao primeiro. Esse aspecto da paternidade não foi sequer considerado pela maioria das pessoas há cinquenta anos, mas é hoje um aspecto absolutamente vital. Como um grande pai, é nosso dever criar filhos seguros, responsáveis e autoconfiantes que tenham a melhor chance possível de obter sucesso em sua vida na atmosfera cada vez mais competitiva do mundo moderno. Parece uma tarefa difícil, eu sei, mas, na realidade, podemos percorrer um longo caminho para alcançar esse objetivo aderindo a algumas regras bastante simples.

## Cinco regras simples

**Regra 1: Faça seu filho se sentir amado**

Quando os seres humanos se sentem amados e valorizados, eles tendem a ser muito mais felizes, confiantes e muito mais estáveis emocionalmente do que aqueles que não se sentem amados e se consideram desvalorizados. Tudo isso é algo que todos sabem, mas o que não é normalmente entendido é o fato de que os filhos não conseguem ler a mente dos pais. Não podemos esperar que eles "saibam" que são amados e valorizados, a menos que lhes digamos isso – tanto verbalmente como por meio de nossas ações diárias.

Há muitos homens que, por uma razão ou outra, não se sentem capazes de dizer "eu te amo" em voz alta. Pode ser que seus próprios pais não usem essa frase. Provavelmente porque eles foram educados de forma a acreditar que tal expressão é um sinal de fraqueza – de ser muito mole ou emocional. Alguns homens acham que expressar o amor abertamente a seus filhos vai fazê-los parecer menos masculinos do que aqueles que optam por manter seus sentimentos para si próprios.

O problema com esse tipo de atitude é que os filhos interpretam frequentemente o silêncio e a indiferença de um pai como um sinal de que ele não se preocupa com eles. Isso raramente acontece, mas não importa. Enquanto estivermos falando de um filho, até mesmo uma semente de dúvida nessa área pode levar a uma grande dose de angústia e sofrimento na vida adulta.

Um hábito bom a se estabelecer é dizer aos nossos filhos a cada vez que dermos "tchau" e "boa noite" que nós os amamos. Eu não quero ser mórbido, mas nenhum de nós vai viver para sempre, e nossa hora pode chegar amanhã com a mesma facilidade que ela poderia chegar com os oitenta anos de idade. Ao tornarmos o "eu te amo" parte do nosso vocabulário com nossos filhos diariamente, podemos ter a confiança de que, não importa quando a nossa hora chegue, vamos ter dito a coisa mais importante que pudemos a eles.

Todas as regras neste capítulo são importantes, mas se você só utiliza uma delas, esta uma deve ser exatamente essa regra. Diga aos seus filhos regularmente que você os ama; em seguida, confirme essa declaração na forma como você fala com eles, na forma como você interage com eles e na maneira de viver.

## Regra 2: Expresse crença no seu filho

A autoconfiança é extremamente importante, porque nos dá a coragem de tentar coisas novas, expandir nossos horizontes e correr um pouco de risco de vez em quando para alcançarmos o sucesso. Muitas pessoas pensam que a confiança é algo que nasce conosco, mas, com certeza, não é isso que acontece. Toda a autoconfiança, pelo menos inicialmente, decorre do elogio e do incentivo que recebemos durante a nossa formação. Ter alguém que expresse uma crença positiva em nós – seja um pai, um professor ou outra figura influente – faz-nos começar a acreditar e ter confiança em nós mesmos. Embora seja perfeitamente possível desenvolver a autoconfiança na vida adulta, mesmo sem os elogios e estímulos quando criança ou adolescente, devemos fazer tudo o que pudermos para garantir que nossos filhos tenham o melhor começo possível.

Expressar crença nos seus filhos significa incentivá-los a atingir o pleno potencial que eles têm, o que quer que isso seja. Podemos elogiá-los quando estiverem fazendo as coisas benfeitas. Podemos dizer-lhes que possuem a coragem, a força e o potencial para atingir seus objetivos e fazer as coisas acontecerem. Podemos ensinar-lhes que a única forma de fracasso na vida com a qual vale a pena se preocupar é, em primeiro lugar, o fracasso por não tentar.

Com relação a isso, ser um grande pai é muito como ser um treinador de esportes. Um bom treinador de boxe não diz a seu aprendiz que ele nunca vai ser capaz de bater o seu adversário. Em vez disso, ele diz que ele tem potencial para vencer qualquer um que ele queira. Em vez de pegar o boxeador fazendo algo errado e dizer "O seu gancho está uma porcaria", ele vai sugerir uma abordagem alternativa para ajudar a melhorar o golpe.

Como um grande pai, todos nós precisamos fazer o mesmo. Devemos acreditar no potencial ilimitado de nossos filhos e expressar nossa crença como e quando tivermos oportunidades.

**Regra 3: Não pregue a filosofia da perfeição**

Tendo acabado de dizer o quanto é importante expressarmos crença em nossos filhos, agora precisamos nos certificar de que não exageremos e exijamos que eles façam isso até o potencial máximo que têm. Há uma linha tênue entre incentivar os filhos a sonhar alto e esperar que eles deem um passo de cada vez, e se cruzarmos tal linha, correremos o risco de pensar que eles precisam ser perfeitos para ganhar nossa aprovação.

Talvez a forma mais fácil de evitar uma filosofia de perfeição seja ser honesto em relação às nossas próprias imperfeições, sem ficarmos presos a elas. Alguns pais gostam de fazer que seus filhos acreditem que eles são o *Superman* e que podem fazer qualquer coisa. Mas não somos e não podemos. Ao dar o exemplo de ter que lutar para atingir o próprio potencial e ao sermos honestos e abertos em relação aos próprios "fracassos", nós permitiremos automaticamente que nossos filhos saibam que errar o alvo faz parte do curso, e não há nenhum motivo para ficar muito preocupado.

**Regra 4: Ensine o princípio da gratidão**

Estresse e insatisfação graves são as emoções negativas mais sentidas pelas pessoas que não apreciam plenamente o que já têm. As pessoas que estão gratas pelo bem que têm em suas vidas, em comparação, tendem a ser muito mais felizes e muito mais satisfeitas.

Podemos ensinar o princípio da gratidão de forma mais eficaz praticando primeiramente a gratidão nós mesmos. Pense em tudo o que você tem e em todas as pessoas que valoriza em sua vida. Faça uma pausa diária para se sentir grato por tudo isso. Você não tem que transformar isso em um procedimento formal, apenas sinta-se grato do seu próprio jeito.

Depois de ter estabelecido esse hábito, você pode começar a mostrar aos seus filhos todas as coisas pelas quais eles também precisam ser gratos. Não diga "Fique grato por isso", mas comente mais especificamente sobre o quanto eles são privilegiados por ter isto ou aquilo, ou por ter bons amigos e tantas outras pessoas que os amam.

Essa abordagem vai ajudá-los a ver a vida de uma forma positiva e contente e, desta forma, a evitar que eles caiam na armadilha de se sentirem descontentes, focando exclusivamente o que os outros têm.

### Regra 5: Incentive um foco externo

Essa regra não significa que devemos incentivar nossos filhos a se compararem com os outros, mas sim que eles devem entender desde cedo que somos seres sociais e que temos de tentar conviver com as outras pessoas para ter uma vida pacífica e feliz.

Ensinar esse princípio é simplesmente uma questão de, uma hora ou outra, pedir que o seu filho pense pela perspectiva das outras pessoas. Por exemplo, se você tiver uma menina de nove anos que está sempre deixando o próprio quarto uma bagunça para a mãe limpar, convide-a a pensar sobre a situação do ponto de vista da mãe dela. Será que ela pensa que suas ações fazem sua mãe sentir-se bem ou mal? Tais ações fazem-na sentir-se valorizada ou segura?

Quando fazemos esse tipo de pergunta aos nossos filhos, eles experimentam uma súbita percepção de como as próprias ações afetam outras pessoas e agem imediatamente a fim de retificar a situação.

Mas eles precisam ser cobrados até que esse tipo de foco externo torne-se algo habitual.

## POR QUE TER UMA BOA COMUNICAÇÃO É ESSENCIAL?

Uma boa comunicação entre seus filhos e você (e entre eles mesmos) é essencial, e há várias razões muito importantes para isso:

- Muitas das "regras" que acabamos de ver exigem a capacidade de se comunicar honestamente com o filho. Se você não consegue se comunicar bem, aplicar essas regras à forma como você interage com seu filho (e à forma como a criança interage com as outras pessoas e com o mundo em geral) será muito mais difícil do que precisa ser.
- Se você não se comunica bem com seu filho no dia a dia, não há nenhum motivo para que ele acredite que você esteja disposto a fazê-lo quando ele ou ela tiverem algo realmente importante a falar. Entretanto, se você tem o hábito de se comunicar aberta e honestamente com os seus filhos, eles vão se sentir confortáveis para abordá-lo sobre praticamente tudo o que precisam discutir, desde coisas muito triviais a coisas muito importantes.
- As crianças que gostam de comunicação aberta e honesta com os pais tendem a ter muito mais autoestima e confiança e são geralmente muito menos ansiosas do que aquelas que sentem que não podem falar abertamente com os pais.

## Sete princípios gerais

Há muitos benefícios em uma boa comunicação, mas como nós, como grandes pais, podemos aprender a nos tornar grandes comunicadores? Mais uma vez, isso não é um bicho de sete cabeças. De fato, se adotarmos alguns princípios gerais e aderirmos a eles, a boa comunicação será desenvolvida automaticamente.

**Princípio 1: Crie oportunidades para comunicação**

Se você está sempre indo em uma direção enquanto seus filhos estão sempre indo na direção oposta, é provável que você nunca encontre a oportunidade de se comunicar adequadamente. Só esperar que as oportunidades apareçam não é o suficiente. Você precisa deliberadamente criar oportunidades de comunicação.

A maneira mais fácil de fazer isso é um jantar juntos. Em um mundo perfeito, seria ideal conseguir se sentar para um jantar em família todas as noites. Se você não consegue fazer isso (por causa de compromissos de trabalho, por exemplo), então garanta que você adotará esse hábito nos finais de semana. Fazer as refeições juntos dá a todos na família a oportunidade de conversar sobre qualquer coisa que tenham em mente, sem transformar tudo isso em algo formal.

**Princípio 2: Esteja interessado**

Não basta esperar que seu filho venha correndo em sua direção para compartilhar informações. A maioria das crianças precisa de um pouco de pedido, pelo menos até que elas criem o hábito de se comunicar abertamente. Você pode convidar seu filho a falar sobre a vida dele mostrando que você está genuinamente interessado. Pergunte a ele como foi o dia na escola, como ele está se saindo com os amigos, o que ele gostaria de fazer no fim de semana e assim por diante. Depois de ter manifestado seu interesse, a tendência é que os filhos comecem a se abrir mais.

**Princípio 3: Pense antes de falar**

Às vezes, todos nós dizemos algumas coisas – sobretudo em momentos de estresse emocional – das quais acabamos nos arrependendo mais tarde. Infelizmente, os filhos tendem a se apegar a cada palavra que dizemos. Chamar seu filho de estúpido no calor do momento pode ser algo que você esquece um ou dois minutos mais tarde. Seu filho, no entanto, pode começar a reprisar mentalmente aquele xingamento de modo contínuo. Isso pode, claro, baixar a autoestima dele de forma considerável.

Os filhos também tornam declarações gerais que os pais fazem coisas pessoais. Por exemplo, se você comentar que "as crianças idiotas da vizinha estão fazendo muito barulho o tempo todo", então seu próprio filho pode interpretar isso como se você quisesse que ele ficasse em silêncio o tempo todo. Não era essa a sua intenção, é claro, mas é uma conclusão bastante lógica que ele faz.

Para se proteger disso, adquira o hábito de pensar antes de falar. Coloque tudo o que você diz aos seus filhos em uma perspectiva positiva, se possível. Se você precisa criticar um comportamento, faça-o comentando, primeiramente, algo bom que você observou sobre o comportamento do filho em outras áreas. Em seguida, critique o mau comportamento, e não o seu filho. Finalmente, termine com uma observação positiva, sugerindo formas pelas quais ele ou ela possam aprender com essa crítica e tirar algo bom dela.

### Princípio 4: Dê toda a sua atenção

Quando você estiver falando com seu filho, dê toda a sua atenção. Olhe nos olhos dele e sorria. Isso fará seu filho sentir-se conectado a você e tornará a comunicação muito mais eficaz. Se você não puder dar atenção total – talvez porque esteja cozinhando, jantando ou consertando o carro –, pare por um momento, faça contato visual e explique a sua situação. Em seguida, pergunte se vocês podem discutir o assunto durante o jantar, ou quando tiver terminado. A criança pode querer continuar conversando imediatamente, mas, se isso acontecer, pelo menos ele ou ela vai entender por que você não está dando atenção.

### Princípio 5: Ouça

A comunicação é uma via de duas mãos: precisamos ouvir e falar. Aprenda essa lição rapidamente e certifique-se de que você sempre consiga tempo para ouvir o ponto de vista do seu filho, bem como partilhar a sua própria perspectiva. Isso fará o seu filho sentir-se respeitado e confiante de que a opinião dele, mesmo que não concorde com a sua, é algo que vale a pena ser ouvido. Estabelecer esse hábito de escutar sem julgamentos quando seus filhos ainda são jovens aumentará a probabilidade de que eles confiem na sua capacidade de ouvir sem julgar quando estiverem passando pela puberdade e pela adolescência.

**Princípio 6: Fale, não pregue**

Quando você fala com alguém, compartilha o seu ponto de vista e o raciocínio por trás dele. Quando você prega algo a alguém, só diz a essas pessoas o que fazer, muitas vezes sem explicar o porquê. Os filhos geralmente não se importam que você explique as coisas, mas eles odeiam receber alguma ordem, ou que você diga algo a eles, esperando que eles aceitem aquilo como uma verdade só porque você disse. Por essa razão, tente evitar pregar algo e opte por conversar e explicar. É simplesmente muito mais eficaz.

**Princípio 7: Não espere que eles concordem com tudo**

Os filhos são indivíduos, e, por causa desse fato básico da vida, não podemos sensatamente esperar que eles concordem com tudo o que dissermos. Esperar que os filhos concordem conosco 100% do tempo só vai transformar a nossa comunicação em uma luta na qual um de nós ganha e o outro perde.

Portanto, faz sentido aceitar que divergências são normais. Ver os seus filhos discordarem de você é um bom sinal de que eles estão começando a pensar de forma independente e a formar suas próprias opiniões, por isso, não fique chateado quando tal fato ocorrer. Pelo contrário, sinta-se orgulhoso da vontade que eles têm de seguir o próprio caminho e não ir cegamente em direção ao seu.

## Adaptando suas habilidades comunicativas

Tendo apresentado os sete princípios da boa comunicação, vamos encerrar este capítulo com uma rápida olhada em como devemos adaptar nossas habilidades comunicativas para satisfazer às diferentes necessidades dos nossos filhos durante os quatro principais estágios de desenvolvimento.

### De 0 a 5 anos de idade

Nessa idade, as crianças se apegam mais ao nosso tom de voz e aos nossos gestos do que a nossas palavras. Podemos, portanto, nos comunicar mais eficazmente se enfatizarmos essas duas coisas. Por exemplo, em vez de dizer "A sua pintura ficou ótima, João" com uma cara séria e voz casual, tente expressar a ideia em gestos e palavras ao mesmo tempo.

Sorria e fale como se tivesse acabado de correr uma maratona. O seu filho vai responder muito melhor a esse tipo de abordagem.

**Dos 6 aos 10 anos de idade**

Os filhos começam a fazer todos os tipos de perguntas durante essa fase, portanto certifique-se de ter tempo para respondê-las tanto quanto possível – e sempre que necessário. A resposta comum de não responder às perguntas ou de desviar delas e pedir aos filhos para simplesmente "fazer o que foi solicitado" dá a impressão de que as (muitas vezes perfeitamente razoáveis) perguntas deles não são importantes. Separar alguns minutos para respondê-las, em contrapartida, indica ao filho que todas as perguntas são dignas de nosso tempo e, como resultado, isso acaba aumentando a autoestima dele.

**Dos 11 aos 15 anos de idade**

Você pode esperar que a comunicação seja mais difícil durante a puberdade e a adolescência do que em outras épocas da vida dos seus filhos, mas isso não significa que ela se tornará impossível. Nessa fase, os filhos estão descobrindo o que significa ser mais independente, por isso eles vão começar a exigir mais privacidade, mais espaço para si e mais liberdade para formar suas próprias opiniões. Tendo consciência de tudo isso, permita que eles façam segredo sobre algumas coisas e continue aderindo aos sete princípios descritos anteriormente; a comunicação com seu filho em crescimento não deverá apresentar muitos problemas.

**Dos 16 aos 20 anos de idade**

Você está falando com um jovem adulto agora, não com uma criança, por isso, não espere reações típicas de uma criança. É frequentemente uma boa ideia pensar em como você pode discutir um tema com um homem ou uma mulher da mesma idade que acaba de ser contratado para trabalhar na sua empresa. Seja tão respeitoso, educado e amável com seus filhos quanto você seria com um colega de trabalho da mesma idade que a deles.

## Resumo do Capítulo 8

Como grandes pais, é nosso dever criar filhos seguros, responsáveis e autoconfiantes.

Há cinco regras às quais podemos aderir a fim de atingir este objetivo:

- 1: Faça seu filho se sentir amado.
- 2: Expresse crença no seu filho.
- 3: Não pregue a filosofia da perfeição.
- 4: Ensine o princípio da gratidão.
- 5: Incentive um foco externo.
- Uma boa comunicação também é essencial, e podemos seguir sete princípios para nos ajudar a ser mais eficazes nessa área:
- 1: Crie oportunidades para comunicação.
- 2: Esteja interessado.
- 3: Pense antes de falar.
- 4: Dê toda a sua atenção.
- 5: Ouça.
- 6: Fale, não pregue.
- 7: Não espere que eles concordem com tudo.

# Capítulo 9
# Educação

Com tudo isso em mente, a responsabilidade global de um grande pai é educar seus filhos. Ele deve educá-los sobre como comer de forma saudável, como cuidar do corpo por meio de exercícios, como se sentir confiante, como se dar bem com os outros e assim por diante. Mas os filhos necessitam de educação muito mais do que nós como pais conseguimos proporcionar a nós mesmos, especialmente se eles tiverem de obter sucesso como adultos no mundo competitivo da indústria e do comércio. É por isso que a educação formal – que basicamente ensina o conhecimento intelectual em vez de habilidades para a vida – é tão essencial para o desenvolvimento do seu filho.

## Educação formal

Em determinada época, os filhos não eram matriculados no sistema escolar até que realmente tivessem de sê-lo de acordo com a lei. Hoje, a educação é reconhecida como algo tão fundamental que colocar as crianças em creches e pré-escolas é algo muito comum. A vantagem de matricular um filho em uma boa creche ou pré-escola é que isso estabelece um padrão de estar longe da mamãe e do papai e o ajuda a desenvolver algumas habilidades sociais básicas, por exemplo, brincar com muitas outras crianças em lugares grandes e diferentes, desde cedo.

A educação formal geralmente começa aos seis anos na maior parte do Brasil, com muitas escolas de Educação Infantil que preparam as crianças para a entrada, aos seis anos, no primeiro ano dessa nova fase escolar. Se seu filho frequentou uma creche ou pré-escola, então a transição para o Ensino Fundamental deve ser bastante tranquila, mas não espere que ela seja totalmente confortável. Algumas crianças são tão apegadas aos pais que vão, literalmente, chutar e gritar como forma de protesto contra os primeiros dias dessa nova fase do Ensino Fundamental. É claro que é bastante preocupante quando isso acontece, mas frequentar o Ensino Fundamental pela primeira vez é um rito de passagem pelo qual todas as crianças têm de passar, por isso, se seu filho reagir dessa forma, console-se com o fato de que todo esse choro e todas as birras vão desaparecer assim que o hábito de ir à escola tiver sido estabelecido.

Na escola de Ensino Fundamental, seu filho vai aprender os fundamentos básicos (leitura, escrita e cálculo), bem como o essencial em Ciências, História, Geografia etc. Ele será introduzido ao conceito de lição de casa e à ideia de ser responsável por sua própria aprendizagem. Também pode haver a oportunidade de participar de algumas atividades extracurriculares, por exemplo, fazer parte da equipe de futebol ou handebol.

O seu filho vai frequentar o Ensino Fundamental até os quatorze anos antes de mudar para uma escola de Ensino Médio. A partir do sexto ano do Ensino Fundamental até o fim do Ensino Médio, seu filho poderá estudar Matemática, Computação, Química, Física, Arte, Teatro, Literatura, Inglês e assim por diante. Conforme seu filho avança ao final do Ensino Fundamental e início e fim do Ensino Médio, é possível que ele tenha a oportunidade de escolher atividades extras na escola, e você poderá, obviamente, ajudá-lo e apoiá-lo na tomada dessas decisões. Entretanto, é preciso lembrar que ele deve tomar as decisões, não você.

O Ensino Médio termina aos dezessete anos com a participação nos exames escolares, no ENEM e, porventura, nos vestibulares. Quanto melhor o resultado de alguns desses exames (principalmente do ENEM e dos vestibulares), mais escolhas seu filho terá quando o assunto for decidir sobre o que fazer depois do Ensino Médio, portanto, certifique-se de tratar essa etapa da educação do seu filho com o respeito que ela merece.

Depois que um filho chega aos dezoito anos, não há a obrigação de continuar com a educação formal, se isso não for desejado. No entanto, a educação técnica ou superior fornecida após o Ensino Médio é uma boa ideia para muitos filhos, por isso, educar seu filho com a expectativa de continuar a estudar para os vestibulares em boas faculdades não é uma má abordagem. Afinal, ele pode sempre optar por não fazer isso quando chegar ao estágio; portanto, incentivar a educação universitária e/ou técnica desde o início não é prejudicial – contanto que você permita que seu filho ou sua filha tome a decisão sobre esse assunto quando chegar a hora.

## Ajudando seu filho a prosperar

Embora os filhos com até dezoito anos recebam a maior parte de sua educação formal das escolas de Ensino Fundamental e Ensino Médio, isso não significa que nós, como grandes pais, podemos ficar sentados e esquecer todo o resto. Pelo contrário, precisamos fazer o que pudermos para apoiar o sistema de educação formal e, assim, ajudar nossos filhos a prosperar em vez de simplesmente sobreviver. Veja como.

**Princípio 1: Incentive hábitos positivos em relação às lições de casa**

Seu filho começará a receber lições de casa durante o tempo em que estiver na escola. O trabalho em si será, obviamente, muito fácil nessa fase e, normalmente, não levará mais do que uma hora por dia para ser concluído. Mas é importante utilizarmos isso para ajudar nossos filhos a estabelecer hábitos positivos que vão ajudá-los nos anos posteriores.

Em primeiro lugar, tente separar um lugar onde ele consiga fazer as lições e os trabalhos de casa sem nenhuma interrupção. Pode ser uma mesa pequena no quarto dele ou, se isso não for possível, a mesa da sala de jantar. Apenas não permita que haja barulho da televisão ou do aparelho de som de fundo, porque estímulos externos desnecessários vão obviamente reduzir a capacidade de a criança se concentrar.

Em seguida, ajude-o a estabelecer uma rotina regular de lição de casa que seja atendida naquele mesmo horário a cada semana. Se você deixá-lo se organizar, a lição de casa poderá muito bem acabar por ser feita na última hora ou não ser feita. Ensinar o valor de separar um tempo específico para uma determinada tarefa de forma regular (como vimos com a gestão do tempo) não só vai ajudá-lo quando se trata de trabalhos de casa, mas também o fará em muitas outras áreas da vida dele.

Seja solidário e prestativo quando seu filho o procurar em busca de ajuda, mas não faça a lição de casa por ele. É frequentemente tentador responder logo à uma pergunta porque isso só leva um momento, mas, em longo prazo, é muito mais benéfico passar um pouco mais de tempo ajudando seu filho a pensar e chegar às respostas necessárias. Por exemplo, se ele perguntar "Quanto é 12 x 8?", você não deve responder imediatamente "96". Em vez disso, incentive-o a dividir o problema em etapas. Pergunte "Quanto é 10 x 8? " e espere ele responder. Em seguida, pergunte "Então, se 10 x 8 é igual a 80, quanto você acha que é 12 x 8?". Você pode passar vários minutos tentando fazê-lo descobrir a resposta certa – mas, com essa abordagem mais demorada seu filho vai aprender a chegar lá de forma justa e independente.

Nos primeiros anos do Ensino Fundamental, quando os filhos estão apenas começando a aprender a ler corretamente, é bem provável que eles procurem a ajuda e o suporte dos pais com as lições de casa. Mas assim que eles já estiverem proficientes em leitura, você deverá começar a incentivá-los a procurar nos livros alguma referência para obter as respostas a perguntas difíceis. Por exemplo, se seu filho quer soletrar a palavra "significativo", invista algum tempo em ensiná-lo a usar um dicionário. Há muitos dicionários e livros de referência excelentes para crianças de todas as idades, portanto, ensinar seu filho a procurar esses materiais de referência primeiramente contribuirá para estabelecer um hábito que vai ajudá-lo pelo resto da vida.

À medida que seu filho entra e progride na segunda etapa do Ensino Fundamental e no Ensino Médio, as lições de casa serão mais frequentes, substanciais e desafiadoras. As escolas de Ensino Fundamental e Ensino Médio supõem que, naquele momento, o hábito de fazer a lição de casa foi efetivamente criado, então, desde o início, espera-se que seu filho faça uma boa quantidade desses trabalhos. É uma boa ideia ajudar os filhos a reorganizarem os próprios cronogramas de estudo para que eles consigam acomodar toda essa carga de trabalho adicional e incentivá-los a passar uma quantidade de tempo específica dia a dia fazendo a lição de casa, em vez de juntar uma montanha assustadora de lição para o fim de semana.

**Princípio 2: Incentive o aprendizado como diversão**

Muitos filhos crescem pensando que o aprendizado é algo chato – especialmente se eles só associam aprendizado com livros secos e lições escolares. É sua tarefa ensinar-lhes que isso é apenas uma forma de aprendizagem e que existem muitas outras maneiras de aprender as coisas – formas que podem ser divertidas, agradáveis e lúdicas. Como fazer isso? Você tem diversas opções disponíveis:

- Leve seu filho a uma galeria de arte, um museu ou uma exposição que coincida com os interesses pessoais dele. Muitos museus e galerias organizam exposições em dias específicos que são especialmente feitas para atrair e entreter as crianças, por isso, mantenha-se atualizado sobre o que está disponível e depois leve seu filho ao lugar como um presente especial. (Note que a nomenclatura "presente especial" ficará muito melhor do que "um dia adicional de educação".)
- Ao comprar presentes para seu filho (por exemplo, para o aniversário ou o Natal), tente incluir pelo menos um que tenha algum valor educacional. Telescópios, conjuntos de Química, programas interativos para computador, entre outros, são todos populares entre as crianças. Apenas certifique-se de que você compre um presente adequado em termos de idade e habilidade. Se o presente for muito básico, seu filho vai se cansar rapidamente; se for muito avançado, ele ou ela ficará frustrado.
- Não tenha como premissa que a televisão é chiclete para o cérebro. Existem muitos programas televisivos com enorme valor educativo. Considere os programas exibidos na TV Cultura, por exemplo, ou praticamente qualquer parte do conteúdo do canal a cabo Discovery Kids. Introduzir seus filhos a esse tipo de programação não

é muito difícil, e contanto que você não faça pressão (lembre-se sempre: as crianças precisam de incentivo, não de comandos), eles podem aprender muito, mesmo quando estão assistindo à TV.
- Incentive seu filho a ler por prazer. Os livros são a maior fonte de conhecimento que temos (internet inclusa), mas, a menos que eles já tenham estabelecido o hábito da leitura por prazer, é pouco provável que consigam ler muitos livros de outros gêneros que não a ficção. A melhor maneira que encontrei para criar o interesse por livros em meus próprios filhos foi começar com os títulos que tinham seus personagens favoritos da televisão, videogames ou jogos de computador. As crianças gostam geralmente de ler revistas, quadrinhos e livros com personagens e situações familiares, portanto, usá-las como um trampolim para uma ampla gama de ficção e, em seguida, não ficção fará bom uso desse entusiasmo natural.

## Princípio 3: Ensine seu filho a pensar de forma independente

Há muitas pessoas que acreditam que os filhos deveriam apenas aceitar o que aprendem exatamente da forma como aquilo é exposto e ensinado, e nunca questionar a opinião daqueles que têm autoridade. Infelizmente, aqueles que seguem essa filosofia tendem a criar filhos que são muitas vezes capazes, mas raramente originais.

Ensinar o filho a pensar de forma independente é, em minha opinião, uma maneira muito melhor de educar. Ao incentivar os filhos a fazerem perguntas difíceis e encontrar as respostas a elas, não só vai fazê-los ficarem mais interessados em vários assuntos, como também tende a fazê-los aprender de forma muito mais rápida e com uma profundidade muito maior por causa do interesse ampliado. Por exemplo, um aluno do Ensino Fundamental ou Médio que questiona por que a democracia é uma coisa boa (em oposição à ditadura, digamos) vai ganhar uma melhor compreensão do assunto do que um aluno que simplesmente concorda com o professor como uma coisa natural e sem apresentar qualquer pensamento independente.

Você pode ensinar um filho a pensar de forma independente incentivando-o a elaborar perguntas de forma regular; pode também incentivar a descoberta de respostas com a ajuda dos livros de referência e com perguntas aos professores da escola para obter mais informações. Ambas as abordagens, utilizadas simultaneamente, vão ajudar seu filho a assumir mais responsabilidade pela própria educação e, com toda a probabilidade, a aceitar mais responsabilidade na vida como um todo.

## AJUDANDO SEU FILHO A LIDAR COM A PRESSÃO DOS COLEGAS

Os seres humanos são seres sociais, portanto, não deve ser nenhuma surpresa que as crianças – como todos nós – sintam uma necessidade básica e instintiva de serem aceitas e aprovadas por um grupo maior. A fim de atender a essa necessidade, os indivíduos tendem a fazer o que puderem para "se ajustarem" a todos os outros. Eles ouvem o mesmo tipo de música, adotam o mesmo tipo de frases quando falam, o mesmo tipo de hobbies e gostam de usar o mesmo tipo de roupa. Isso, resumidamente, é o que significa pressão dos colegas – a pressão invisível de se ajustar aos colegas.

A pressão dos colegas acaba recebendo muitos comentários ruins, mas o fato é que muito da pressão dos colegas é algo relativamente inofensivo. Não importa muito se uma menina ou um menino ouve Elis Regina ou Lady Gaga, ou torce para o São Paulo ou para o Palmeiras. O que importa é quando a pressão dos colegas incentiva os filhos a mentir, enganar ou roubar, ou incentiva os mais velhos a fumar, beber, fazer sexo quando menores de idade e experimentar drogas. Nessa fase, a menos que nós lhes ensinemos o contrário de tudo isso, eles vão se sentir muitas vezes compelidos a fazer o que for preciso para continuar a "se ajustarem" ao grupo maior.

A chave para ajudar um filho a lidar com a pressão social é muito simples: discuta o assunto antes que ele se torne um problema. Ao proporcionar ao seu filho uma compreensão objetiva sobre o que significa a pressão dos colegas, você vai efetivamente ajudá-lo a não se apegar aos detalhes e enxergar o que é essencial, além de reconhecer o que está acontecendo conforme isso acontece.

Outra boa maneira de ensinar os filhos acerca da pressão dos colegas é contar histórias sobre a sua própria infância, quando você fez algo estúpido para tentar se ajustar aos seus amigos da escola. Pinte a sua imagem como a de alguém bastante tolo nessas histórias e pareça envergonhado à medida que você as conta. Se você fizer isso, seu filho vai associar rapidamente o ato de ceder à pressão insensata dos colegas com as emoções da estupidez e constrangimento. Isso soa um pouco áspero, mas como você está falando de si próprio, não passará a impressão de estar pregando algo. Pelo contrário, a maioria dos filhos vai escolher evitar ceder à pressão insensata dos colegas se for para evitar ser estúpido como o pai foi. Sim, você vai se sentir como um idiota fazendo isso, mas os grandes pais estão dispostos a passar por isso se o retorno em longo prazo for um futuro melhor para seus filhos.

Há estudos que demonstram que a pressão dos colegas é normalmente pior para as crianças que têm a autoestima e/ou a autoconfiança baixa, e isso não é nenhuma surpresa. Quanto menos autoestima um filho tem, mais ele ou ela vai sentir a necessidade de ser aceito(a) pelos colegas. Se você aplicar os princípios aprendidos no capítulo anterior, isso não deverá ser um problema.

## AJUDANDO SEU FILHO A LIDAR COM O BULLYING

Devemos abordar o tema do *bullying* aqui porque muitos especialistas acreditam que esse tipo de assédio moral esteja intimamente relacionado à pressão dos colegas. Ele ocorre quando um ou mais indivíduos escolhem intimidar – seja verbal ou fisicamente – um aluno específico, a fim de impressionar seu grupo de colegas em particular. *Bullying* em qualquer idade nunca deve ser ignorado. E uma criança não deve ser orientada a lidar com isso sozinha.

Em vez disso, o conselho a seguir, publicado pelo governo britânico, deve ser seguido, tanto quanto possível, logo que você descobrir que o seu filho está sendo intimidado:

- Converse calmamente com seus filhos sobre as experiências deles.
- Anote o que ele ou ela disser, em particular sobre quem eles disseram estar envolvidos, quantas vezes o *bullying* ocorreu, onde aconteceu e o que aconteceu.
- Tranquilize o seu filho que ele/ela fez a coisa certa em contar sobre o *bullying*. Explique que se ocorrerem quaisquer outros incidentes ele/ela deve relatá-los a um professor imediatamente.
- Tente marcar uma reunião ou visita ao professor da turma do seu filho e explicar ao professor os problemas pelos quais o seu filho está passando. Ao conversar com o professor sobre o *bullying*, tente manter a calma. Tenha em mente que o professor pode não ter nenhuma ideia sobre o assédio moral pelo qual seu filho está passando ou pode ter ouvido relatos conflitantes sobre o incidente. Seja o mais específico possível sobre o que seu fi-

lho disse ter acontecido, forneça datas, locais e os nomes das outras crianças envolvidas.
- Anote as ações que a escola pretende tomar. Pergunte se existe alguma coisa que você pode fazer para ajudar o seu filho ou a escola. Mantenha contato com a escola; informe-os se alguma coisa melhorar ou se os problemas continuarem.

É claro que tudo isso pressupõe que seu filho seja quem está sofrendo o *bullying*. Mas e se você descobrir que ele é quem está praticando tal ato? Nesse caso, os seguintes conselhos são dados:

- Converse calmamente com seu filho. Explique que o que ele ou ela está fazendo é inaceitável e deixa outras crianças infelizes.
- Desencoraje outros membros da sua família desse comportamento de *bullying* ou do uso da agressão ou da força para conseguir o que querem.
- Mostre ao seu filho como ele/ela pode ser amigo de outras crianças sem praticar o *bullying*.
- Marque uma reunião com o professor da turma do seu filho ou ex-professor e explique os problemas pelos quais o seu filho está passando. Discuta com o professor como você e a escola podem impedi-lo de continuar com tal comportamento.
- Verifique regularmente com seu filho como estão as coisas na escola.
- Elogie e incentive bastante o seu filho quando ele/ela for cooperativo ou gentil com as outras pessoas.

## Resumo do Capítulo 9

- A responsabilidade global de um grande pai é educar seus filhos. Precisamos fazer o que pudermos para apoiar o sistema de educação formal e, assim, ajudar nossos filhos a prosperarem em vez de simplesmente ajudá-los a sobreviver. Podemos fazer isso de três formas principais:
  - Princípio 1: Incentive hábitos positivos em relação às lições de casa.
  - Princípio 2: Incentive o aprendizado como diversão.
  - Princípio 3: Ensine seu filho a pensar de forma independente.
- Uma determinada quantidade de pressão dos colegas é normal e relativamente inofensiva. No entanto, ela pode se tornar irracional. Você deve discutir o assunto com seu filho antes que isso se torne um problema para que ele ou ela consiga reconhecer tais pressões não razoáveis e lidar com elas.
- O *bullying* não deve ser ignorado ou rejeitado como algo sem importância. Em vez disso, siga os conselhos descritos neste capítulo e, se necessário, procure outras formas de ajuda.

# Capítulo 10
# Recreação

Muitos pais pensam que a recreação – brincar com os brinquedos, ter hobbies e interesses, jogar videogame, entre outras coisas – é apenas uma forma de diversão utilizada pelos filhos para passar o tempo. No entanto, a verdade é que a recreação também desempenha um papel muito importante no desenvolvimento de um filho, uma vez que diferentes formas de lazer oferecem, cada uma do seu jeito, benefícios específicos. Por exemplo:

Participar de qualquer tipo de jogo ensina os filhos sobre as regras e fornece uma oportunidade para que eles experimentem tanto a sensação de ganhar como a de perder. Os jogos de equipe, como o futebol, também ajudam a criança a desenvolver habilidades sociais e a aprender a importância do trabalho como parte de um grupo maior.

- Brincadeiras e jogos que envolvam habilidades artísticas, por exemplo, o desenho e a pintura, ajudam os filhos a desenvolverem a própria criatividade. Esses jogos também ajudam a desenvolver o sentido de cor e perspectiva, bem como a melhorar a coordenação mão-olho.
- Jogos que envolvam qualquer tipo de construção, como os que incluem blocos de construção (Lego) e modelos de criação, ajudam as crianças a melho-

rarem a coordenação mão-olho e desenvolverem a habilidade de pensar mais logicamente.
- Jogos que envolvam encenação, ambos com adereços (como brincar com uma boneca ou brinquedo) e sem adereços (como a reprodução de um Harry Potter inspirado no jogo de "bruxos e bruxas" no *playground*) ajudam as crianças a desenvolverem sua capacidade imaginativa e também a fazerem distinções maiores entre fantasia e realidade.
- Jogos que envolvam adivinhação e enigmas, por exemplo, quebra-cabeças, jogos de palavras e jogos de números, ajudam as crianças a desenvolverem suas competências cognitivas e sua habilidade de pensar mais logicamente.

Esta lista não é de jeito nenhum exaustiva. A recreação também ajuda as crianças a melhorarem os seus níveis de alfabetização e as habilidades de comunicação e, em alguns casos, até mesmo a saúde e o condicionamento físico. É evidente, portanto, que, longe de ser simplesmente uma forma divertida de passar o tempo, a recreação é essencial para o desenvolvimento saudável geral de nossos filhos.

Como grandes pais, é nosso dever incentivar os nossos filhos a explorarem todas as formas possíveis de recreação à medida que eles crescem. Eles não vão praticar todas as formas de recreação com o mesmo entusiasmo, e isso já é algo esperado, porque todos nós temos nossas preferências pessoais. No entanto, ao proporcionar aos filhos muitas opções de lazer, eles vão, com certeza, encontrar algo de que vão acabar gostando, e a probabilidade de você receber reclamações sobre a brincadeira ser chata ou entediante é muito pequena.

## O QUE É MAIS ADEQUADO?

O segredo para ajudar seu filho a obter o máximo de lazer é oferecer opções relevantes para a idade e o nível de habilidade dele. Se não fizermos isso, os filhos vão ficar entediados (como seria o caso se déssemos um chocalho para uma criança de doze anos de idade) ou frustrados (como aconteceria se déssemos um jogo de xadrez para uma criança de dois anos de idade). Para ajudar a guiá-los na escolha das opções mais adequadas e pertinentes, eis algumas sugestões baseadas nas quatro faixas etárias utilizadas ao longo deste livro.

Observe que você deve sempre verificar se qualquer brinquedo/atividade oferecido(a) ao seu filho é seguro(a) para a idade dele. Todos os brinquedos vendidos legalmente no Brasil têm uma idade recomendada, como 3+ (maior de três anos) ou 0-6 meses. Aderir a essas orientações é a melhor maneira de garantir a segurança do seu filho.

### De 0 a 5 anos de idade

As opções de recreação para um bebê são obviamente muito limitadas. Escolha brinquedos que possam ser carregados e que tenham selos de segurança para a idade do seu filho e que proporcionem estímulos visuais e possivelmente também estímulos auditivos. Além disso, você pode entreter seu filho fazendo o que os pais têm feito há séculos: caretas e barulhos engraçados. Assim que ele conseguir segurar objetos, você também poderá introduzir brinquedos simples, como chocalhos.

Os bebês e as crianças na fase da Educação Infantil estão cada vez mais bem-atendidos pelo departamento de brinquedos. Atualmente, os fabricantes reconhecem o grande papel que os brinquedos educativos podem desempenhar na vida de uma criança, por isso, há uma grande variedade de opções disponíveis para crianças de seis meses a seis anos. Uma recomendação especial deve ser feita em relação aos brinquedos que oferecem algum tipo de reação, por exemplo, aqueles que tocam uma música ou acendem uma luz quando algum botão é pressionado. Esses brinquedos vão ensinar ao seu filho os princípios de causa e efeito. Presentear o seu filho com livros "amigáveis aos pequenos" é uma boa forma de introduzir o conceito de leitura antes mesmo que a criança esteja realmente pronta para isso. Jogos rudimentares, como rolar uma bola ou brincar de pega-pega, também podem ser apresentadas num momento oportuno.

Conforme a criança cresce, a complexidade dos brinquedos terá de ser ampliada gradualmente a fim de manter tanto o apelo como o valor educacional. Jogos e brincadeiras que colocam a imaginação em cena, por exemplo, conjuntos de chá e café, bonecas, fantasias para datas comemorativas ou brincadeiras, entre outras, são muito populares nessa fase. Quebra-cabeças simples ajudarão seu filho a melhorar os processos de coordenação mão-olho e raciocínio lógico. Qualquer oportunidade que permita a seus filhos brincarem com outras crianças, como em um berçário ou em uma escola, também será muito benéfica.

## Dos 6 aos 10 anos de idade

Entre os seis e os dez anos, os filhos progridem rapidamente em relação à recreação. Eles serão capazes de lidar com quebra-cabeças cada vez mais complexos e jogos de todos os tipos, tais como jogos de cartas, jogos de tabuleiro e jogos de memória. Eles provavelmente gostarão de assistir à televisão, ir ao cinema e jogar videogames ou jogos de computador. Embora todas essas sejam formas perfeitamente válidas de entretenimento, quando permitidas com moderação, você terá de se precaver para não permitir que o seu filho se torne uma pessoa sedentária.

No início dessa fase, a criança pode ser introduzida a formas publicamente sociais de lazer pela inscrição em organizações populares, como escoteiros, times em clubes, entre outros. Tudo isso é excelente para estimular o desenvolvimento social de uma criança, e essas atividades recreativas também tendem a apresentar um alto grau de conteúdo educativo, portanto, considere seriamente essa opção.

Esse é também um bom momento para fazer o seu filho se entusiasmar com os tipos de recreação que promovem a boa saúde, como discutido no Capítulo 7.

## Dos 11 aos 15 anos de idade

À medida que seu filho passa pela puberdade e pela adolescência, a vida social dele vai provavelmente desempenhar um papel importante na preferência pelos tipos de recreação. Ele ou ela vai querer visitar os amigos, ir a festas e participar de atividades desportivas. Tudo isso é importante, pois ajuda seu filho ou sua filha a desenvolver ainda mais as habilidades sociais – mas o seu trabalho como um grande pai nessa área ainda não terminou. Tenha como objetivo ajudar seu filho a gostar de opções de lazer diferentes, algumas envolvendo amigos, outras com os familiares e também algumas que podem ser apreciadas sozinho.

As crianças nessa faixa etária são frequentemente tentadas a beber, fumar, experimentar drogas e ter relações sexuais em idades impróprias, porque eles acham que essas atividades vão fazê-los se sentir mais adultos. Uma boa forma de reduzir o poder de tais tentações é introduzir o seu filho a uma variedade de opções de lazer "adultas" saudáveis e positivas, por exemplo, jantar fora com a família, ir jogar boliche ou patinar no gelo e ir ao cinema. Depois, quando o seu filho sentir aquele desejo desesperado de ser um "adulto", é tão provável que ele/ela vá ao boliche ou assistir a um filme quanto acenda um cigarro ou vá a um bar local. É claro que isso não significa que as opções não saudáveis nunca serão experimentadas – seria irrealista pensar que sempre conseguiremos proteger totalmente nossos filhos da curiosidade deles. Mas isso não significa que eles não tiveram alternativas.

A música tende a desempenhar um papel cada vez mais importante nessa fase da vida dos filhos, porque a escolha que eles fazem do(a) cantor(a), da banda ou do artista pode ajudá-los a reforçar a própria identidade. Mesmo se você não tiver o mesmo gosto musical que seu filho, reconheça que é uma forma bastante indolor de lazer e, portanto, não é algo que precisa ser desencorajado, a menos que o conteúdo lírico em si seja impróprio. Por exemplo, deixar uma filha de onze anos de idade escutar livremente o CD mais recente da sua banda de jazz favorita é algo bom, mas permitir o mesmo nível de liberdade com relação ao CD mais recente de funk erótico não é recomendável por causa do conteúdo lírico bastante explícito. Use do bom-senso nessa questão – ouvir o CD vai ajudá--lo a tomar uma decisão informada, se necessário – e não proíba algum tipo de música só com base no (seu) gosto.

### Dos 16 aos 20 de idade

Nessa fase seu filho já estará tomando, sozinho, a maioria das decisões sobre recreação, portanto, o seu papel será principalmente o de dar apoio e incentivo. Dito isso, você ainda deve tentar se divertir com ele de forma bastante regular, se ele ainda estiver morando na sua casa. Essa diversão pode ser um jogo de tênis ou futebol toda semana ou uma refeição em um restaurante uma vez por mês. Só não espere fazer parte das atividades de lazer dele com muita frequência. O seu filho tem agora os próprios amigos e está fazendo a transição legal da adolescência para a idade adulta – portanto, esteja preparado para ficar muito mais nos bastidores, se for isso o que ele quiser que você faça.

Embora eu tenha sugerido algumas formas com as quais você pode incentivar o seu filho a tirar o máximo proveito das opções de lazer, você não deve terminar este capítulo com a ideia de que tem de organizar tudo. O seu filho também precisa de espaço para crescer, por isso, você deve fornecer uma determinada quantidade de liberdade que vai aumentar naturalmente à medida que ele/ela ficar mais velho. Permitir um pouco de liberdade dará ao seu filho a oportunidade de encontrar maneiras originais de diversão e de divertir-se espontaneamente, ou de um modo mais estruturado – como acontece, por exemplo, quando você organiza uma sessão semanal de natação.

## Férias

As crianças adoram as férias, e, se prestou atenção nos capítulos anteriores, você terá uma boa ideia do porquê. As férias afastam os pais das responsabilidades do trabalho e acabam proporcionando muito tempo livre – ou seja, tempo para gastar generosamente com os seus filhos.

Quando se trata de filhos – sobretudo dos mais jovens –, o destino das férias é algo secundário em relação ao benefício de eles conseguirem passar muito mais tempo com você. Muitas famílias conseguem desfrutar de férias muito boas, sem o incômodo e a despesa de um voo de longo curso. E ao contrário, pouquíssimas famílias não se incomodam ao viajar para fora do país.

O que você precisa lembrar é que deve haver três coisas em nas férias com a família:

- Tempo de sobra para curtir com seus filhos.
- Muitas oportunidades de fazer coisas novas em um ambiente novo.
- Ser divertido para toda a família.

Observe que lugares com sol constante ou neve, lugares exóticos, acomodações de primeira classe e serviços de quarto 24 horas são todos opcionais, não necessidades. Se você conseguir encontrar um resort em algum lugar do Brasil que permita que você passe uma ou duas semanas com os seus filhos e que ofereça muitas coisas para fazer e coisas que toda a família vai desfrutar, vá para ele. Da mesma forma, se tomar um voo de longa distância para um local exótico for instantaneamente acabar com dois dias das suas férias, colocá-lo sob uma grande quantidade de estresse (mental ou financeiro) e proporcionar apenas um lugar para nadar e tomar banho de sol, pense duas vezes antes de ir. Um bom feriado é aquele que é realmente aproveitado, não aquele que simplesmente é o mais caro e possui a melhor temperatura (seja ela baixa ou alta).

Feita essa importante distinção, eis algumas sugestões sobre como tirar o máximo proveito de suas férias em família para cada uma das quatro faixas etárias.

## De 0 a 5 anos de idade

Primeiramente, escolha um destino que seja conveniente para você e para a sua companheira. Até os cinco anos de idade, a criança provavelmente não será capaz de notar a diferença entre a Disneyworld, na Flórida, e o HopiHari, em São Paulo, portanto, escolha uma opção que seja mais fácil para você. Leve bastante coisa (fraldas, alimentos favoritos etc.) se tiver dúvidas em relação à disponibilidade para tais coisas apresentada pelo destino. Se o filtro solar for algo indispensável, utilize aqueles feitos para bebês e crianças, porque os filtros solares para adultos não vão proteger a pele sensível de uma criança o suficiente contra os raios UV prejudiciais.

Talvez o aspecto mais estressante de entrar em férias com um filho nessa faixa etária seja a viagem em si. Os filhos ficam entediados muito facilmente quando viajam por mais de meia hora, por isso, leve alguns brinquedos pequenos para mantê-los ocupados durante o período da viagem. Certifique-se também de fazer pausas regulares para que todos possam ir ao banheiro e esticar as pernas.

### Dos 6 aos 10 anos de idade

Da mesma forma que os filhos querem estar com você, nessa idade eles também estarão interessados no que conseguirão fazer no destino escolhido. Isso não significa automaticamente que você precisa gastar mais em suas férias, mas que você precisa escolher um local que vai entretê-los e ocupá-los – e divertir você também, é claro. Por exemplo, se nadar for algo popular entre os seus filhos, faz sentido procurar um lugar com piscina. O conselho dado há pouco sobre protetores solares e sobre manter os filhos ocupados durante a viagem também se aplica aqui.

Muitos destinos para as férias da família, tanto no Brasil como no exterior, têm clubes para crianças que são projetados especificamente para entretê-los, bem como para permitir que eles façam novos amigos. Esses clubes tendem a ser muito populares entre as crianças e podem dar ao tempo de lazer deles um pouco de estrutura, portanto, procure e avalie os clubes oferecidos no local para onde você estiver indo.

### Dos 11 aos 15 anos de idade

Os filhos começarão a querer fazer suas próprias coisas à medida que passam por essa faixa etária, por isso, antes de reservar as férias, tente assegurar que eles vão conseguir fazê-lo com segurança. Escolher destinos com instalações recreativas e desportivas no local é geralmente uma boa ideia.

Como eles são mais velhos, estão geralmente dispostos a viajar por mais tempo se a recompensa for válida. Se você sempre quis voar para longe como uma família e explorar lugares mais distantes, provavelmente essa seja a hora de fazê-lo. No entanto, o tédio da viagem não terá desaparecido completamente, portanto, certifique-se de levar pelo menos um bom livro e um aparelho de som portátil para mantê-los ocupados, quando o entretenimento a bordo tiver acabado.

**Dos 16 aos 20 anos de idade**

Agora você pode achar que seus filhos não estão muito interessados em passar as férias com a família. Em vez disso, eles podem estar falando em ir embora com os amigos, ou ficar em casa enquanto você viaja com a sua companheira. Como os filhos estão em diferentes níveis de maturidade (por exemplo) aos dezesseis anos de idade, você deve colocar em prática o bom-senso nesse quesito.

Não insista para que eles o acompanhem, mas, ao mesmo tempo, não dê liberdade total para que eles viajem pelo mundo com os amigos. Sempre lembre que, até atingirem a maioridade, os seus filhos não são legalmente adultos, portanto, você ainda é bastante responsável por eles.

Se os seus filhos ainda estiverem interessados em entrar em férias com a família, é sempre uma boa ideia pedir as sugestões deles na escolha de um destino. Discuta o orçamento disponível e, em seguida, permita que façam sugestões. Você nunca sabe, talvez os seus filhos consigam ampliar os seus horizontes.

## Resumo do Capítulo 10

- A recreação tem um papel muito importante no desenvolvimento de uma criança; cada forma de recreação oferece benefícios diferentes.
- Como grandes pais, é nosso dever incentivar os filhos a explorarem todas as formas possíveis de recreação à medida que eles crescem.
- O segredo para ajudar um filho criança a obter o máximo do lazer é oferecer opções relevantes para a idade e o nível de habilidade dele.
- Da mesma forma que o seu filho precisa de alguns elementos organizados de recreação, ele também precisa de espaço para crescer, por isso, você deve proporcionar uma determinada quantidade de liberdade que será naturalmente ampliada com o tempo.
- As férias em família proporcionam uma grande oportunidade de vivenciar longos períodos de lazer. O ponto importante a ter em mente aqui é que deve haver três coisas nas férias em família:
  - tempo de sobra para curtir com os seus filhos;
  - muitas oportunidades de fazer coisas novas em um ambiente novo;
  - ser divertido para toda a família.

# Capítulo 11
# Disciplina

O assunto da disciplina dos filhos é algo emotivo. Dificilmente um mês termina sem que alguma discussão sobre ele apareça nos jornais ou nas agendas dos programas de notícias de rádio e televisão, e quase todos os pais têm uma visão sobre o que torna algumas formas de disciplina as certas e o que torna outras formas de disciplinas as erradas.

Há cinquenta anos atrás, era comum um pai beijar um filho e os professores da escola baterem com uma régua ou chinelo em alunos indisciplinados como forma de punir um mau comportamento. Se isso era eficaz não é algo que ainda se discute – a minha opinião é que qualquer benefício de curto prazo conseguido com essas punições é pouco ao analisarmos as consequências. No mundo moderno, é um ponto discutível. As escolas já não são autorizadas a utilizar a punição corporal e, de acordo com a legislação vigente no Brasil, os pais não podem bater em um filho criança com tanta força que este sofra hematomas. Tal legislação ainda pode ser vaga, e não seria nenhuma surpresa se ela fosse revisada no futuro – talvez tornando quaisquer tipos de punição física contra crianças algo ilegal.

Como grandes pais, acredito que não devemos sentir a necessidade de esperar que uma lei seja alterada antes de adotar uma política geral do "não beijo". Imagine ser parado por um guarda de trânsito e levar um soco na cara porque você ultrapassou o limite e você entenderá quão louco é tentar ensinar uma criança a aprender a diferença entre o certo e o errado por meio da dor física.

Alguns pais pensam que o castigo físico é uma forma adequada de punição. Eu não concordo. Acho que essa crença é mantida apenas por aqueles que têm um entendimento equivocado sobre o que realmente é disciplina. A disciplina não é algo que administramos com o objetivo de punir o mau comportamento. É uma ferramenta que precisamos usar com cuidado e compaixão de forma que ensinemos aos nossos filhos que suas ações têm consequências.

## Cinco princípios da disciplina

Os filhos são bastante fáceis de serem disciplinados, desde que certos princípios sensatos sejam respeitados. Vamos agora passar por esses princípios para que possamos começar a aplicá-los em nosso cotidiano.

### Princípio 1: Disciplina pelo amor, não pela raiva

Embora o mau comportamento dos filhos muitas vezes nos faça sentir raiva, não é geralmente uma boa ideia disciplinar um filho a menos que tenhamos um objetivo. O objetivo não deve ser assustá-los com algum tipo de cólera nossa, mas de discipliná-los de uma maneira calma e apropriada para que eles consigam tirar algum benefício da experiência. Se você não consegue proceder dessa forma – e às vezes as nossas emoções demoram um pouco para desaparecer –, então diga a seu filho que ele ou ela será castigado pelo mau comportamento, mas deve ir para o quarto até que você consiga se acalmar. E como acalmar-se em um espaço tão curto de tempo? Tente estas ideias:

- Respire vinte vezes lenta e profundamente ou feche os olhos e medite por cinco minutos.
- Pense no geral. Esse incidente em particular será bastante insignificante daqui a um, cinco ou dez anos? Será que você vai acabar rindo disso? Se a resposta a essas perguntas for sim, por que não optar por ficar mais calmo agora?
- Imagine que você e o seu filho trocaram de lugar. Como filho, o que você está pensando? Com o que você está preocupado? Como você gostaria que o seu pai resolvesse a situação de uma maneira que ainda o fizesse se sentir amado e cuidado?
- Pegue este livro e leia este capítulo de novo.

Todas elas são ideias simples, mas podem ser muito eficazes e ajudá-lo a se livrar da raiva e entrar em um estado muito mais calmo, para que possa, assim, disciplinar o seu filho pelo amor.

### Princípio 2: Identifique verbalmente o que seu filho fez de errado

Nós consideramos a importância da comunicação muitas vezes, mas no momento de disciplinar nossos filhos, a comunicação é absolutamente essencial, porque, a menos que comuniquemos exatamente o que eles fizeram de errado, eles nunca serão capazes de aprender com os próprios erros e comportar-se adequadamente no futuro. Sem a comunicação adequada, acabaríamos com algo parecido com isto:

> PAI: É isso mesmo! Vá para o seu quarto e não desça até eu mandar!
> FILHO: Por quê? O que eu fiz?
> PAI: Você sabe muito bem o que fez, então vá para o seu quarto e pense em por que é importante que você não faça isso de novo!
>
> Confuso, o garoto vai para o quarto. Vinte minutos depois, ele pergunta da escada...
>
> FILHO: Já posso sair do quarto agora?
> PAI: Você aprendeu a lição?
> FILHO: Ahã... sim... eu acho que sim...

Você pode pensar que isso é um pouco exagerado, mas esse tipo de coisa acontece o tempo todo em todos os países. Os filhos são punidos sem nenhuma comunicação expressa do comportamento que mereceu tal castigo. Em alguns casos, é claro, a criança está bem ciente do que ele ou ela fez para merecer o castigo, mas, em muitos outros casos, ele/ela fica confuso. E se o seu filho estiver confuso sobre o que fez de errado, será escassa a probabilidade de ele corrigir o comportamento inadequado no futuro.

O segundo princípio da boa disciplina é, por sua vez, bastante simples: antes de disciplinar o seu filho, garanta sempre que ele ou ela entenda exatamente o que fez de errado. E lembre-se: você deve se concentrar em criticar o mau comportamento dele, não ele.

### Princípio 3: Explique as consequências do mau comportamento

Como já dissemos, a disciplina destina-se a ensinar os filhos que as ações que eles praticam têm consequências. Tendo explicado exatamente o que é que a criança fez de errado, agora você deve explicar as consequências do mau comportamento. Por exemplo:

PAI: OK, então por que estou zangado?
FILHO: Porque eu chamei a tia Ethel de velha durante o jantar?
PAI: Isso mesmo. E você sabe por que não é certo fazer isso?
FILHO: Porque é errado chamar as pessoas de velhas?
PAI: Porque chamar alguém de velho pode magoá-lo. Você não iria gostar que as pessoas colocassem apelidos em você ou o xingassem, né?
FILHO: Não.

Uma boa maneira de transmitir as consequências inevitáveis do mau comportamento é incentivar a criança a usar o próprio raciocínio. Pergunte diretamente quais são as consequências de tocar em um fogão quente, atirar pedras na janela do vizinho ou escrever "Me limpe" com lama no Mercedes do seu chefe. Ao dar aos seus filhos a oportunidade de eles identificarem as consequências sozinhos – e elaborar, se necessário –, a lógica do porquê de determinados comportamentos não serem aceitáveis, ela será lembrada por muito mais tempo do que se você simplesmente desse um sermão de cinco minutos.

### Princípio 4: Decida sobre a forma apropriada para disciplinar

Se o governo anunciar que, de repente, todos os crimes – não importa o tamanho – atrairiam a mesma sentença de prisão perpétua, a sociedade ficaria ultrajada. Há algo dentro de nós que instintivamente sabe que qualquer forma de punição deve ser adequada ao crime cometido, para que ela seja verdadeiramente justa.

O mesmo princípio aplica-se a disciplinar os filhos. Para disciplina-los adequadamente, precisamos ter certeza de que o tipo de disciplina utilizada é determinada apenas pela gravidade do mau comportamento, não pelo fato de nós mesmos estarmos de mau humor ou numa fase não muito boa.

Será bem mais fácil aderir a essa abordagem se tivermos decidido conscientemente sobre os vários "níveis" de disciplina que vamos utilizar em determinadas circunstâncias. Para ilustrar o que quero dizer, considere estes cinco níveis de disciplina, que eu uso com meus próprios filhos:

- *Nível Um – a advertência verbal*. Na minha opinião, todo mundo merece uma segunda chance, especialmente quando se trata de uma primeira ofensa. É por isso que a minha forma Nível Um de disciplinar é dar aos meus filhos uma advertência verbal. Eu não me limito a dar uma bronca ou ficar falando sem parar, tento explicar por que um determinado tipo de comportamento é errado ou inapropriado. Eu ajudo meus filhos a identificarem as consequências de seus atos e a me dizerem se estou ou não sendo justo ao chamar a atenção deles para o mau comportamento. Em seguida, peço que eles não repitam o mesmo comportamento no futuro. Em muitos casos, isso é exatamente o que disciplinar precisa ser.
- *Nível Dois – restituição*. É nesse nível que eu disciplino meus filhos fazendo-os "pagar" pela dívida causada por seu mau comportamento. Se fizeram alguma bagunça, vão limpá-la. Se chatearam alguém, eles mesmos vão tomar as medidas necessárias para reverter a situação com essa pessoa. Essa abordagem ensina os filhos que reparar as consequências provocadas por mau comportamento é, muitas vezes, um trabalho muito maior do que simplesmente evitar o mau comportamento logo de início.
- *Nível Três – colocar de castigo*. Às vezes, o único jeito de um filho aprender que o mau comportamento tem consequências negativas é nós o colocarmos de castigo sozinho em algum cômo-

do. Mandei meus filhos para os seus quartos por períodos de dez minutos, vinte minutos e – no máximo – uma hora. Isso dá o tempo que eles precisam para pensar sobre seu comportamento e se acalmar quando estiverem se sentindo particularmente irritados ou aborrecidos.
- *Nível Quatro – proibição.* Se um "mau comportamento" anterior for repetido constante e deliberadamente (e não só porque os meus filhos, como todos os outros, podem estar distraídos, às vezes), eu levo a minha disciplina ao Nível Quatro. Trata-se de uma proibição de algum tipo, mas a natureza e a duração da proibição são determinadas pelo tipo e pela gravidade do mau comportamento. Às vezes, os proíbo de assistir à televisão, jogar videogame ou comer doces por um dia, dois dias ou até uma semana. Às vezes reduzo ou corto a mesada da semana. Em casos mais extremos, os faço ir para a cama trinta minutos antes do previsto. Como eu sei o que os meus filhos realmente gostam de fazer, não é difícil proibir algo bastante simples e ainda conseguir deixar claro um ponto de vista.
- *Nível Cinco – a combinação final.* Raramente preciso recorrer a esse nível de disciplina, porque, uma vez experimentada, não é o tipo de coisa pela qual uma criança deseja passar novamente. Parece dramático, eu sei, mas é basicamente apenas uma proibição de diversas coisas combinadas com uma série de noites indo para a cama mais cedo. Por exemplo, sem televisão, sem videoga-

me ou jogos de computador, sem mesada e sem doces durante uma semana inteira, além de ter de ir para a cama trinta minutos mais cedo por três dias. Do meu ponto de vista, tudo isso é coisa pequena, mas para os meus filhos isso é realmente uma coisa enorme.

Como um grande pai, cabe a você criar seus próprios "níveis" de disciplina que se adaptem mais às atitudes e à personalidade dos seus filhos. Depois de ter decidido sobre tais níveis, é possível, de forma objetiva e calma, aplicar o nível adequado de acordo com o mau comportamento em questão, em vez de se deixar levar pelo calor do momento.

**Princípio 5: Ajude seu filho a aprender algo com as experiências**

Os seres humanos aprendem suas lições mais importantes com os erros que cometem. Quanto mais cedo a lição for aprendida, menos chances haverá de o mesmo erro se repetir no futuro. É melhor, por isso, visando aos interesses de todos os envolvidos, que você ajude o seu filho a aprender algo útil com cada situação em que é necessária a aplicação de algum tipo de medida disciplinar.

A forma mais simples de ajudar um filho a aprender alguma coisa é simplesmente esperar até que ele ou ela pague o preço do mau comportamento – por exemplo, no fim da semana, se você proibiu a TV por vários dias – e depois fazer algumas perguntas:

- Você se lembra por que o seu comportamento foi inadequado?
- Você entende por que era necessária a proibição da TV por três dias?
- Posso confiar que você vai evitar a repetição desse tipo de comportamento no futuro?
- O que você aprendeu com essa experiência?

Essa interação com seu filho vai ajudá-lo a se sentir respeitado e amado e a enxergar que você toma tais medidas só porque ele deu algum motivo para você fazê-lo.

## Algumas palavras finais sobre a disciplina

É importante perceber que todo mundo comete erros e que, muitas vezes, um pequeno erro não precisa ser punido, mas simplesmente apontado. Quando você aprendeu a dirigir um carro, o instrutor não saía distribuindo broncas toda vez que você triturava as engrenagens – ele apenas dizia o que você estava fazendo de errado e como fazer melhor da próxima vez. Isso é, frequentemente, tudo o que os filhos precisam, portanto, exercite o bom-senso e seja paciente com eles antes de se apressar e tomar qualquer medida disciplinar.

A segunda coisa principal que eu gostaria de salientar aqui é que as medidas disciplinares discutidas supõem que o seu filho consiga compreender a relação entre ações e consequências. Se ele não consegue entender essa relação, porque é muito novinho ou porque necessidades especiais dificultam tal entendimento, você precisará adequar a sua estratégia para atender tais dificuldades. (O Capítulo 20 discute como ser um grande pai para uma criança com necessidades especiais.)

Por fim, como espero que este capítulo tenha mostrado, há muitas outras opções disponíveis para nós, como pais, do que simplesmente bater em nossos filhos quando eles fazem algo errado. Os pais batem nos filhos há décadas, mas ainda assim eles se comportam mal, então, por que sequer considerar continuar fazendo algo que não parece beneficiar ninguém? Espero que as estratégias alternativas descritas aqui tenham-no incentivado a se tornar um grande pai esclarecido e que disciplina seus filhos com tranquilidade, amor e clareza, ajudando-os, assim, a tirar algo de positivo da experiência.

## Resumo do Capítulo 11

- Disciplinar não é algo que administramos com o objetivo de punir o mau comportamento. É uma ferramenta que precisamos usar com cuidado e compaixão, a fim de ensinar aos nossos filhos que as ações cometidas por eles têm consequências.
- Os filhos são bastante fáceis de serem disciplinados, desde que certos princípios sensatos sejam respeitados:
  - 1: Disciplina pelo amor, não pela raiva.
  - 2: Identifique verbalmente o que seu filho fez de errado.
  - 3: Explique as consequências do mau comportamento.
  - 4: Decida sobre a forma apropriada para disciplinar.
  - 5: Ajude seu filho a aprender algo com as experiências.
- É importante perceber que todo mundo comete erros e que, muitas vezes, um pequeno erro não precisa ser punido, mas simplesmente apontado.

# CAPÍTULO 12
## Dinheiro

Fornecer alimentos, roupas, abrigo, entretenimento e educação aos seus filhos exige dinheiro, e quanto mais velhos eles ficam, mais dinheiro será necessário para sustentá-los. É, portanto, de vital importância que você aprenda a administrar suas finanças corretamente o mais rápido possível. Não se preocupe se isso soar um pouco maçante – a boa notícia é que a criação de um sistema eficaz de gestão financeira é algo que você só precisa fazer uma vez, de forma bem detalhada. Depois disso, tudo o que você precisa fazer é atualizá-lo de tempos em tempos para garantir que ele ainda satisfaça as suas necessidades. Se isso agora já soa razoável para você, é hora de começar.

### Para onde vai todo o dinheiro?

O primeiro passo para administrar seu dinheiro de forma eficaz é identificar exatamente como você o está gastando. A maioria das pessoas gasta o dinheiro de forma bastante inconsciente como e quando surge a necessidade, e se elas não tiverem cuidado, podem muitas vezes gastar muito com luxos desnecessários e acabar sem nada para as coisas que são realmente essenciais. Isso geralmente aparece como uma surpresa, e o mantra entre muitas pessoas no fim de cada mês é o mesmo: "Aonde foi parar todo o dinheiro?".

Encontrar a resposta a essa pergunta não é algo tão difícil, mas exigirá que você seja diligente e honesto. Eis o que você precisa fazer:

- Pegue um caderno pequeno que consiga carregar com você todos os dias. Você vai utilizá-lo como seu "diário de dinheiro" pelos próximos trinta dias.
- Anote todos os valores descontados automaticamente da sua conta bancária mensalmente por meio de débitos em conta e cheques, por exemplo, pagamentos de prestação da casa, seguros, empréstimos etc.
- Anote todos os valores automaticamente debitados no cartão de crédito a cada mês, por exemplo, pacotes de internet, assinaturas de TV a cabo etc.
- Por trinta dias, toda vez que você gastar qualquer quantia, seja em espécie ou pelo cartão de crédito ou de débito, anote a data, o valor gasto e o item adquirido. Não omita as pequenas coisas aqui – gastar dinheiro em um jornal diário ou em um sanduíche na hora do almoço pode parecer insignificante, mas tudo isso é um gasto, então anote.

Ao final dos trinta dias, sente-se com o seu diário de dinheiro e some tudo o que gastou. Se você for como a maioria das pessoas, ficará surpreso com o quanto conseguiu gastar em um único mês. Você pode também ficar surpreso com o quanto gastou com coisas desnecessárias. Isso tudo é perfeitamente comum e não há nada com o que se preocupar. O objetivo desse exercício foi simplesmente obter uma resposta precisa à pergunta: "Para onde vai todo o dinheiro?".

## Criando um orçamento familiar

Agora que você sabe exatamente como está gastando o seu dinheiro, está pronto para criar um orçamento familiar. A palavra "orçamento" tem uma conotação negativa para muitas pessoas, porque as faz pensar em economizar muito e deixar de lado todas as coisas "divertidas" que elas gostam de fazer – mas, na verdade, esse ponto de vista sobre o orçamento é impreciso. Levando tudo em consideração, um orçamento não é um plano de *economia* que causa desconforto ou restrição. Pelo contrário, é um plano de *gastos* que lhe permitirá assumir o controle total sobre a sua vida financeira e obter um nível de liberdade financeira que a maioria das pessoas não consegue sequer imaginar.

O primeiro passo para criar um orçamento familiar é calcular exatamente qual a entrada de dinheiro mensal. Para muitas pessoas, esta será apenas a remuneração principal, mas outros podem precisar incluir outras formas de renda, por exemplo, os benefícios do Estado, subsídios etc. Seja qual for a sua renda, anote-a aqui:

RENDA = R$ _____

Em seguida, faça uma lista de todos os itens de despesas que são absolutamente essenciais. Por exemplo:

- roupas
- convênios médicos/odontológicos
- alimentos
- seguros
- pagamentos de empréstimo/locação/cartão de crédito
- pagamento da prestação da casa ou do aluguel
- despesas com gasolina/carro
- mensalidades escolares/dinheiro para o lanche etc.
- contas de telefone
- despesas com ida/volta do trabalho
- pagamento de assinatura de TV a cabo
- pagamentos de contas de gás, luz, água etc.

É geralmente uma boa ideia anotar os pagamentos em uma média mensal. Quando os dados mensais não estiverem disponíveis, tente chegar a uma estimativa precisa dividindo as despesas do ano anterior por doze. Por exemplo, se você gastou R$ 648,00 em contas de luz no ano anterior, isso seria listado no seu orçamento mensal como "Contas de luz" = R$ 54,00.

Ao ter discriminado todas as despesas essenciais mensais dessa forma, o próximo passo é somar todos os itens da sua lista para que você tenha um valor final de despesas:

DESPESAS = R$ _____

Agora vem a parte interessante. Deduza o valor das despesas do valor da renda. A diferença, que é o excedente, deverá ser observada abaixo:

EXCEDENTE = R$ _____

Se o seu excedente for um valor negativo, algo precisa ser feito, porque você está gastando mais do que ganha. Nesse caso, eu sugiro que você ignore o restante deste capítulo e procure ajuda especializada em contabilidade e gestão de dinheiro para que consiga reverter essa situação. Sozinho ou com ajuda, o quanto antes você trabalhar para resolver esse problema, mais rápido conseguirá se beneficiar de um novo estilo de vida financeiro.

Se você ainda estiver lendo este capítulo, então assumo que o valor excedente seja positivo. Isso significa que você tem dinheiro de sobra depois de pagar todas as suas despesas, e para muitos de vocês esse excedente será maior do que o esperado. Seu trabalho agora é planejar conscientemente como usar o excedente para que você e sua família tenham uma vida com conforto e realizações.

Um bom começo é pensar no que você realmente quer da vida e no que você quer para seus filhos. Você quer que os seus filhos consigam frequentar uma universidade? Você quer conseguir pagar um casamento daqui a dez ou vinte anos? Você quer ter uma aposentadoria confortável? Todas essas coisas custam quantias substanciais de dinheiro, por isso, adotar uma abordagem de gastos descontrolados e sem preocupação com nada e esperar que você consiga pagar por isso no futuro não é uma boa ideia. Em vez disso, tome medidas agora para investir uma parte do excedente mensal no seu futuro. A vantagem de fazer isso é que você coloca a mágica dos juros compostos em jogo. Para ilustrar quão benéficos os juros compostos podem ser, considere o seguinte.

Se você fosse investir R$ 1.000,00 em algum fundo de investimento que rende 4% ao ano e não adicionasse nenhum centavo a mais, em vinte anos os R$ 1.000 chegariam a R$ 2.191,12. Se você encontrar um tipo de investimento que renda 8% ao ano, o valor final após vinte anos seria de R$ 4.660,96.

Claro, não estou sugerindo que você faça um investimento e deixe um depósito inicial lá por vinte anos, mas os números anteriores mostram como os juros, acumulados ao longo do tempo, podem ajudar no crescimento das economias a uma taxa fenomenal. Em certo sentido, os juros compostos são dinheiro grátis, e tudo o que você tem de fazer para recebê-los é planejar com antecedência e começar a economizar agora, não mais tarde.

Há uma série de opções de economia disponíveis para aqueles que têm um objetivo de longo prazo em mente. Se você tem um bom conhecimento do mercado acionário, pode investir diretamente em ações. Se não tem esse ótimo conhecimento ou não quer optar por esse caminho, você pode alternativamente investir em uma carteira de ações ou fundos mútuos.

Você não precisa de uma fortuna para atingir as suas metas financeiras de longo prazo. Economizar apenas R$ 20,00 por mês para que o seu filho ou sua filha faça o ensino superior é muito melhor do que não economizar nada, e à medida que as suas finanças melhorarem ao longo dos anos, você poderá aumentar os montantes investidos de acordo com a melhora.

Quando você tiver conseguido economizar uma determinada quantia do seu valor excedente para os objetivos de longo prazo, o restante poderá ser utilizado para melhorar a sua vida de curto prazo. No entanto, mesmo aqui, pode ser bom planejar com antecedência, por isso, considere separar uma quantia mensal para cobrir:

- aniversários e despesas de Natal;
- férias anuais;
- um fundo de emergência.

O fundo de emergência é simplesmente o dinheiro que está ali para ajudá-lo a lidar com as despesas inesperadas que todos nós temos de vez em quando, por exemplo, ter que comprar uma nova máquina de lavar roupa ou pagar por reparos essenciais do carro. Muitas famílias não fazem esse tipo de economia, mas fazê-lo – mesmo que seja apenas R$ 20,00 por mês – já é uma ótima forma de reduzir o estresse quando for necessário lidar com as despesas de emergência.

Tudo o que é sobra do seu excedente depois de cumprir todas essas disposições poderá ser gasto como quiser com pequenas coisas que tornam a vida mais agradável.

Você deve lembrar que todos os princípios citados se aplicam, não importa qual o tamanho do seu rendimento. Se você conseguir economizar R$ 100,00 por mês para o casamento da sua filha, então faça isso. Se você só consegue economizar R$ 5,00 por mês para as despesas do Natal, então faça isso. Uma boa gestão financeira não é o quanto você reservou para diferentes objetivos de longo prazo e para as despesas anuais, mas algo a mais que você reservou – ponto final.

Uma vez que o seu orçamento foi criado, tudo o que você precisa fazer para se beneficiar é usá-lo. Isso pode parecer estranho a princípio, mas – como em qualquer novo hábito – torna-se fácil se você conseguir se disciplinar e torná-lo um hábito. Faça isso e você poderá se orgulhar do fato de que está fazendo o possível para administrar suas finanças de forma responsável e sensata.

## Ensinando bons princípios financeiros aos seus filhos

Se você aprendeu os bons princípios financeiros quando criança, então já estará familiarizado com boa parte do que discutimos aqui. Como um grande pai, é o seu dever agora ajudar o seu próprio filho a desenvolver boas atitudes e hábitos em relação ao dinheiro. Eis três grandes princípios bons para você enfatizar a seus filhos.

### Princípio 1: O dinheiro é conseguido com muito esforço

O primeiro princípio que precisamos ensinar aos filhos é que nos esforçamos para ganhar dinheiro. Parece algo comum, eu sei, mas muitos filhos – especialmente os mais jovens – tendem a assumir que temos quantidades ilimitadas de dinheiro e podemos, portanto, comprar qualquer coisa que quisermos. Quanto mais cedo os filhos perceberem que o dinheiro é obtido como resultado de trabalho duro e inteligente, mais cedo eles vão desenvolver uma relação saudável com o dinheiro. Eles também vão crescer sabendo que, se querem ganhar o próprio dinheiro, terão de trabalhar para conseguir isso, e que o dinheiro não vai simplesmente cair do céu.

### Princípio 2: Economizar é um hábito importante

Se tivesse economizado 10% de todo o dinheiro que recebeu em sua vida (incluindo as mesadas quando criança e todos os presentes monetários e os valores que você leva para casa dos trabalhos que você já teve), quanto você já teria reservado nesse momento? Pense sério nessa questão por um momento antes de continuar. Use uma calculadora, se necessário.

É bastante provável que você fique bastante rico ou, pelo menos, muito mais rico do que está agora, especialmente se colocar a sua economia de 10% em algum investimento. Mas é também provável que você não tenha feito isso atualmente e que agora você deseje que tivesse feito.

Com essa constatação em mente, por que não incentivar seu filho a adquirir o hábito de poupar 10% de todo o dinheiro que ele recebe? Os hábitos estabelecidos durante a infância podem ser úteis a um ser humano durante toda a vida, por isso, mesmo que um filho só economize primeiramente dez, vinte centavos por semana, o benefício disso poderá ser infinitamente maior.

### Princípio 3: Fazer um orçamento é essencial

O terceiro princípio que você pode ensinar a seus filhos mais velhos é o do orçamento. Como visto neste capítulo, o orçamento dá a uma pessoa maior controle sobre finanças pessoais do que simplesmente gastar dinheiro sem nenhuma previsão consciente e real – e passar esse conhecimento aos seus filhos é algo que eles vão certamente apreciar nos próximos anos.

Agora você deve estar pensando em como os filhos podem aprender com o orçamento, uma vez que eles não têm dinheiro algum? Boa pergunta. A resposta é que precisamos ajudá-los a aprender as noções básicas de orçamento e deixar os detalhes para depois. Por exemplo, uma criança pode definir uma meta simples de "longo prazo" de conseguir economizar R$ 10,00 de um brinquedo em algum momento no futuro. Um menino de dez anos que recebe uma mesada (digamos) de R$ 4,00 por semana poderia, por sua vez, optar por guardar R$ 1,00 por semana até ter o suficiente para fazer a compra. Se ele também já tem o hábito de poupar 10% do próprio dinheiro para o verdadeiro futuro de longo prazo (o que, nesse caso, seria R$ 0,40), ele teria R$ 2,60 sobrando para desfrutar como quisesse.

Essa é uma abordagem simples, mas não deixa de ser um orçamento. À medida que um filho aprende que o princípio do orçamento funciona com as coisas pequenas, ele ou ela estará muito mais propenso a utilizá-lo posteriormente, quando as questões financeiras ficarem mais complicadas.

## Mais um pouco sobre mesadas e subsídios

Alguns pais acreditam que os filhos não devem receber mesada ou quaisquer subsídios, e como todos os pais são livres para ter sua opinião, eu acredito que a mesada seja uma coisa positiva. A simples razão para essa posição é que dar aos filhos uma pequena quantia de dinheiro para gastos pessoais ajuda-os no desenvolvimento de vários aspectos importantes:

- Em primeiro lugar, receber uma quantia fixa de mesada em uma base regular ajuda os filhos a entenderem que não há uma quantidade infinita de coisas e que eles não podem pagar por tudo o que querem. Em vez disso, eles têm de priorizar seus

desejos e aprender a abrir mão de algumas coisas de modo que consigam pagar outras coisas.
- Em segundo lugar, a mesada ajuda as crianças a serem mais responsáveis. Se elas aprendem a cuidar do próprio dinheiro, estarão automaticamente aprendendo a cuidar melhor delas mesmas.
- Em terceiro lugar, receber uma mesada permite que um filho planeje o futuro. Ele ou ela pode pensar no que gostaria de ter no futuro e tomar decisões sobre como atingir tais objetivos por meio da gestão das finanças de uma forma mais consciente.

É claro que crianças são crianças e, às vezes, todas elas vão querer torrar cada centavo em quadrinhos e chicletes. Já devemos esperar por isso de vez em quando. No entanto, acredito que dar a uma criança que é capaz de lidar com o dinheiro uma determinada quantia como mesada a cada semana faz muito bem e deve ser seriamente considerado por todos os grandes pais.

## Resumo do Capítulo 12

- É muito importante que você aprenda a administrar as suas finanças corretamente o quanto antes.
- Comece com um pequeno caderno a ser utilizado como um diário de dinheiro e, por trinta dias, tome nota de cada centavo que você gastar. Isso vai fazê-lo conseguir responder à pergunta: "Para onde vai todo o dinheiro?".
- Em seguida, crie um orçamento. Lembre-se de que um orçamento não é um plano de economia, mas um plano de gastos que vai permitir que você obtenha o controle total sobre as próprias finanças.
- Quando você tiver conseguido colocar a sua vida financeira em ordem, comece a ensinar aos seus filhos três princípios fundamentais vistos neste capítulo:
- 1: O dinheiro é conseguido com muito esforço.
- 2: Economizar é um hábito importante.
- 3: Orçamento é essencial.

# Capítulo 13
# Desavenças

Desavenças, discussões e conflitos são comuns em todas as famílias, não importa a qualidade do relacionamento que elas tenham. Às vezes, as desavenças são pequenas e insignificantes, como acontece quando um filho diz "Eu quero um sorvete" e o pai diz que não. Em outras ocasiões, os desentendimentos são grandes, teatrais e graves, como ocorre quando um adolescente é pego bebendo e defende o direito que ele tem de fazê-lo. E, claro, também podem surgir desentendimentos entre você e a sua companheira quando vocês têm visões diferentes sobre o modo como a criança deve ser disciplinada, recompensada ou como ela deve passar o tempo livre.

Como os desentendimentos são um fato da vida, é importante que você lide com eles de forma efetiva. Isso é muito benfeito assim:

- entenda como e por que ocorrem os desentendimentos;
- tome as medidas necessárias para reduzir a probabilidade de desavenças;
- aprenda a resolver as divergências que surgirem de forma positiva.

## Como e por que as desavenças acontecem

A maioria das pessoas acha que os desentendimentos ocorrem quando uma pessoa que está obviamente "errada" tem algum problema com outra pessoa que está obviamente "certa", mas essa é uma maneira muito contraditória de olhar as coisas, e não uma forma propícia de encontrar uma solução positiva.

As pessoas que têm essa visão acham frequentemente que a causa das desavenças tende a se tornar menos importante do que a ideia de "ganhar a batalha", razão pela qual tantas discussões sobre questões relativamente insignificantes pode, por vezes, acabar saindo de controle.

Uma forma muito mais positiva de encarar os desentendimentos é vê-los como um conflito de opiniões com base em diferentes valores. Em outras palavras, uma divergência surge quando duas pessoas que têm valores diferentes tentam defender o próprio e "correto" ponto de vista. Por exemplo:

- Seu filho valoriza se divertir mais do que fazer a lição de casa.
- Você valoriza que o seu filho faça a lição de casa dele mais do que vê-lo se divertindo.

Nesse cenário, se o seu filho insistir em jogar videogame em vez de estudar, é provável que vocês tenham um desentendimento – não porque você esteja necessariamente "certo" e ele "errado", mas simplesmente porque vocês têm valores diferentes.

O mesmo conflito de valores pode ocorrer entre os parceiros. Por exemplo:

- A sua parceira valoriza passar tempo com você mais do que valoriza estar trabalhando.
- Você valoriza trabalhar mais do que valoriza passar tempo com ela.

Nesse cenário, se você escolher repetidamente fazer horas extras, então provavelmente estará a caminho de um desacordo – não porque trabalhar seja "errado", mas porque está em conflito com o valor principal da sua parceira de passar um tempo com você em casa.

Os seres humanos podem ser bastante pacientes quando querem, portanto, em muitos casos, um desafio ocasional a seus valores pode muito bem ser ignorado. No entanto, se os valores das pessoas forem repetidamente questionados, então, em algum momento, elas vão sentir a necessidade de defendê-los, e é aí que surgem os desentendimentos.

Compreender essa relação definida entre valores e desavenças é útil porque nos faz perceber que a resolução de uma discussão deve envolver muito mais do que simplesmente provar que algo é "certo" ou "errado". Também nos dá uma pista sobre como conseguimos, primeiramente, reduzir a probabilidade do surgimento de desavenças.

## Reduzindo a probabilidade de desavenças

Se ocorrer desentendimentos por causa de valores conflitantes, uma boa forma de reduzir a probabilidade de desacordos decorrentes é entender os valores das pessoas com as quais temos contato no dia a dia. Uma vez que sabemos quais os valores da nossa parceira ou dos filhos, podemos tentar garantir a abertura de espaço para tais valores – e também para os nossos próprios valores.

Por exemplo, digamos que o seu filho adore comer hambúrgueres de uma loja de fast-food local. Você acha que isso não é saudável. Em vez de proibir a ida ao fast-food definitivamente (e, assim, insistir em que os seus valores são mais importantes que os do seu filho), você pode concordar em deixá-lo comer hambúrguer, uma vez a cada quinze dias. Ele pode até protestar um pouco, mas é provável que seja muito mais favorável a essa ideia do que seria à proibição total.

O mesmo princípio aplica-se à sua parceira. Se ela valoriza passar um tempo com você durante as noites mais do que valoriza que você trabalhe até tarde, fazer este último repetidamente só vai causar um desentendimento entre vocês dois. Em vez disso, considere alternativas que permitam que você respeite os valores dela, por exemplo, ir ao trabalho uma hora mais cedo ou trabalhar no horário do almoço.

Tudo isso funciona no sentido oposto também. Se você se certificar de que a sua companheira e seus filhos entendem os valores que são importantes para você, é pouco provável que eles ajam rotineiramente de jeitos que ameaçam tais valores.

## Resolvendo desavenças de uma forma positiva

Mesmo se você fizer tudo o que foi sugerido até agora, ainda haverá desentendimentos de vez em quando. Sendo assim, é importante que você aprenda a resolvê-los de uma forma positiva. Não há uma fórmula mágica de "tamanho único", mas existem seis passos simples que você pode usar para ajudá-lo a resolver os desentendimentos de forma eficaz.

### Passo 1: Lembre-se de que todos estão no mesmo time

Comece por separar alguns minutos para fazer uma pausa e lembrar-se de que você, o seu filho e a sua companheira estão todos no mesmo time. Você e a sua companheira querem o melhor para o seu filho, e ele, por sua vez, quer a mesma coisa. Mesmo que um desentendimento ocorra porque sua ideia de "melhor" é diferente da do seu filho, o motivo subjacente é idêntico. Seguir em frente tendo essa ideia em mente irá ajudá-lo a evitar querer "vencer" uma discussão em vez negociar uma solução que satisfaça todos.

## Passo 2: Lembre-se dos princípios da boa comunicação

Apresentei os sete princípios da boa comunicação no Capítulo 8, por isso, vou repeti-los aqui. Basta dizer que você precisa manter esses princípios em mente quando confrontado por uma desavença de qualquer espécie. Em especial, lembre-se destes cinco princípios:

- Pense antes de falar.
- Dê ao seu filho e à sua companheira toda a sua atenção.
- Ouça.
- Fale, não pregue.
- Não espere que eles concordem 100% com você.

## Passo 3: Identifique o problema

É fácil permitir que nossas emoções sobreponham os assuntos quando lidamos com os desacordos, e isso pode fazer as pessoas enfatizarem demais um problema que não tem nenhuma relação com o conflito real de valores. Você pode combater essa tendência fazendo todos os interessados identificarem o problema que eles acreditam ser o cerne da discórdia. Tente ser o mais específico possível ao fazer isso, porque um problema bem-definido será muito mais fácil de resolver do que um que está vago. Fazer as seguintes perguntas será de grande ajuda:

- Qual é o problema central?
- Por que isso é um problema?
- Quem é mais afetado pelo problema?

Ao discutir o problema, certifique-se de permitir que o seu filho e/ou a sua parceira consigam falar livremente. Interromper para impor o seu próprio ponto de vista só vai frustrar as pessoas e aumentar ainda mais o problema.

**Passo 4: Identifique os valores ameaçados**

Depois de ter claramente identificado o problema central do desentendimento, tente identificar o valor que está sendo ameaçado pelo problema. Se você não sabe qual (ou quais) valor(es) está(ão) sendo ameaçado(s), será difícil resolver a desavença de uma forma que satisfaça todos. Entretanto, se você souber os valores, esse conhecimento por si só pode sugerir um avanço positivo.

Por exemplo, se a sua filha estiver discutindo com você porque ela não quer ir à lanchonete, perguntar a ela o motivo não irá chateá-la. Ela poderia, então, responder que ir significa ter menos tempo para treinar a redação para uma prova na escola no outro dia pela manhã e que está preocupada em não conseguir um resultado bom. Nesse caso, o valor que ela acha que está em risco é o de ir bem na escola.

### Passo 5: Discuta todas as soluções possíveis

O próximo passo é iniciar um *brainstorming* e chegar ao máximo de alternativas em que você conseguir pensar para resolver o problema sem sacrificar o valor supostamente ameaçado. Não julgue as ideias de ninguém nessa fase, apenas foque em criar o maior número possível de alternativas. Quando todos os interessados já não tiverem mais ideias, passe para o passo 6.

### Passo 6: Acorde uma solução satisfatória

Agora que vocês já pensaram em todas as opções possíveis, é hora de acordar uma solução satisfatória. Uma solução satisfatória é aquela que resolve o problema sem sacrificar o valor identificado como sendo ameaçado.

Por exemplo, a sua filha não quer ir à lanchonete esta semana. Esse é o problema. Ela não quer ir porque isso significa ter menos tempo para treinar redação para a prova na escola no outro dia pela manhã. Ir bem na escola é o valor percebido como algo que está em risco. Nesse caso, uma solução satisfatória seria aquela que ajuda todos a acordarem sobre a questão da lanchonete sem sacrificar a ideia de ela ir bem na escola. Dois exemplos desse tipo de solução satisfatória podem ser:

- Concorde que ela não precisa ir à lanchonete esta semana para focar a prática de redação para a prova na escola.

- Permita que ela fique acordada até meia hora mais tarde do que o habitual para que ela consiga estudar antes de ir para a cama.

É importante que todos concordem com a solução; do contrário, mais desentendimentos poderão surgir no futuro, quando a solução for implementada. O compromisso pode ser algo exigido de todos os lados, por isso, não pense que só porque você é um grande pai você sempre aparecerá com uma solução que agrade mais do que aos outros. Os grandes pais são aqueles que estão dispostos a ser mais flexíveis quando esse tipo de abordagem é a mais apropriada.

Esse processo de seis passos foi obviamente concebido para tratar os desentendimentos mais graves. Se reunir com todos para discutir os prós e os contras de o seu filho querer um sorvete às duas da manhã provavelmente não vai transformar a sua vida familiar em algo mais harmonioso. Da mesma forma, não estou sugerindo que você precise conduzir longas discussões cada vez que se vir falando "não" ao seu filho. Use o bom-senso aqui e aprenda a adaptar os princípios do processo para atender às suas necessidades como e quando a situação ocorrer.

## LIDANDO COM A RIVALIDADE ENTRE IRMÃOS

Se você tiver dois ou mais filhos, a rivalidade entre irmãos será algo com o que você precisará aprender a lidar. Ela aparece de diversas formas, mas as manifestações mais comuns incluem queixas ("Papai, o Tom está fazendo muito barulho / O Tom está fazendo a maior bagunça / O Tom está fazendo caretas para mim"), palavrões ("Idiota / Você é feia e gorda / Você é feia, gorda e idiota") e agressão física (tomar as coisas uns dos outros, bater um no outro etc.).

Uma pequena quantidade de rivalidade entre irmãos é perfeitamente natural e ocorre em quase todas as espécies em que vários jovens são criados juntos. No entanto, isso não significa que você deva permitir que essa rivalidade torne-se algo excessivo ou saia de controle. Você deve tomar as medidas sensatas para manter a rivalidade a um grau mínimo e lidar com as explosões que podem aparecer. Veja como.

### Princípio 1: Trate os filhos de forma igual

A coisa mais importante que você pode fazer para evitar a rivalidade entre irmãos é ter certeza de que está tratando todos os seus filhos de forma igual. Dê a cada um deles a mesma quantidade de amor, carinho e atenção para que ninguém se sinta particularmente favorecido ou negligenciado. Isso parece algo óbvio – e é –, mas há momentos em que podemos dar mais atenção, sem querer, a um filho do que ao outro. Por exemplo, os pais que têm um segundo filho precisam naturalmente dar mais atenção ao recém-nascido, mas, se não forem cuidadosos, o filho mais velho poderá começar a se sentir excluído e, portanto, ressentido com o irmão que está "roubando" toda a atenção.

### Princípio 2: Dê aos seus filhos atenção coletiva e individual

Existem dois extremos em direção aos quais os pais podem gravitar ao criar dois ou mais filhos. Um deles é sempre dar aos filhos a atenção coletiva, levando-os todos para um almoço ou jantar, por exemplo, ou para brincar no parque juntos. O outro extremo é sempre dar aos seus filhos uma atenção individual, jogando um jogo com um filho e depois um jogo diferente com o outro. Ambas as abordagens são saudáveis, mas não a exclusão de um deles.

Idealmente, você deve ter por objetivo fornecer aos seus filhos um equilíbrio entre a atenção individual e a coletiva. Ao se divertirem juntos de forma regular, os seus filhos vão ter muitas oportunidades de se dar bem juntos e construir um relacionamento sólido e feliz. Ao ter seus momentos "sozinhos" com os pais, eles vão se sentir amados e cuidados como indivíduos.

### Princípio 3: Adote uma política de tolerância zero para agressões físicas

Se você permitir que seus filhos peguem as coisas um do outro, ou batam, arranhem e mordam um ao outro – independentemente das desculpas que eles possam dar como justificativa, – você não só corre o risco de ver algum deles gravemente ferido, mas também corre o risco de ensiná-los (embora de forma passiva) que a agressão física é aceitável. Ela não é: não para você, para os seus filhos nem para ninguém.

As crianças que estão acostumadas a serem fisicamente agressivas em casa estão mais propensas a agir da mesma forma na escola. Isso pode causar todos os tipos de problemas, incluindo assédio moral, brigas, suspensão escolar e – na pior das hipóteses – expulsão da escola.

Comece da forma como você quer que as coisas continuem e adote uma política de tolerância zero para a agressão física. Na primeira vez em que um dos seus filhos for deliberadamente violento (arranhões recebidos acidentalmente durante uma discussão são uma questão completamente diferente), dê uma advertência verbal e explique por que a agressão física não é aceitável. Então, se ele ou ela repetir o comportamento, aumente o nível de disciplina de forma que acalme a situação e deixe claro que isso não é permitido.

**Princípio 4: Quando uma briga ocorrer, promova a comunicação**

Quando os desentendimentos não físicos ocorrerem entre os irmãos, ensine-os a resolver as próprias dificuldades por meio de uma comunicação educada e honesta. Utilize os princípios da boa comunicação lidos no Capítulo 8 e o processo de resolução de problemas com seis passos descrito anteriormente neste capítulo. À medida que você fizer isso, tente permanecer objetivo e ser um mediador do processo de comunicação, em vez de alguém que tem todas as respostas. Uma parte importante do crescimento é aprender a resolver os conflitos pacificamente, portanto, se você interromper a conversa e disser o que eles precisam fazer, eles perderão uma boa oportunidade de se desenvolver nessa área.

Na maioria dos casos, a rivalidade entre os irmãos não é algo para se preocupar excessivamente. Muitos irmãos adultos são tão competitivos como eram quando crianças, mesmo que eles tenham um ótimo relacionamento em todos os outros aspectos. Seu trabalho como um grande pai não é, portanto, erradicar completamente esse instinto natural (o que seria impossível), mas tentar garantir que isso seja tratado de forma pacífica e bastante amigável.

## Resumo do capítulo 13

- As desavenças, as discussões e os conflitos são comuns em todas as famílias, não importa a qualidade do relacionamento que elas tenham. Como os desentendimentos são um fato da vida, é importante que você lide com eles de forma efetiva.
- Há seis passos simples que você pode utilizar para ajudá-lo a resolver os desentendimentos de forma eficaz:
  - 1: Lembre-se de que todos estão no mesmo time.
  - 2: Lembre-se dos princípios da boa comunicação.
  - 3: Identifique o problema.
  - 4: Identifique os valores ameaçados.
  - 5: Discuta todas as soluções possíveis.
  - 6: Acorde uma solução satisfatória.
- Uma pequena quantidade de rivalidade entre os irmãos é perfeitamente natural e ocorre em quase todas as espécies em que vários jovens são criados juntos. No entanto, você deve seguir esses princípios para manter a rivalidade no mínimo possível e lidar com explosões que podem aparecer:
  - 1: Trate os filhos de forma igual.
  - 2: Dê aos seus filhos atenção coletiva e individual.
  - 3: Adote uma política de tolerância zero para agressões físicas.
  - 4: Quando uma briga ocorrer, promova a comunicação.

# Capítulo 14
## Sexualidade

### Do ponto de vista de um filho

Estou ficando um pouco irritado com meu pai. Na noite passada estávamos assistindo a "Os Simpsons" na televisão e o Homer ficava falando para a Marge que ele queria fazer sexo com ela. Eu ouvi alguns dos meninos mais velhos falando um pouco sobre sexo na escola, mas eu não tinha a mínima ideia do que eles estavam falando, e quando o Homer estava dizendo isso, pensei que podia perguntar ao meu pai.

"O que é sexo?", perguntei a ele. Ele estava comendo um biscoito no momento e quase engasgou. Migalhas caíram por toda parte.

"Por que está perguntando isso?"

"Porque estou interessado."

Ele me olhou por um longo tempo, claramente pensando em algo, mas sem dizer o que era. Então perguntou: "Quantos anos você tem, mesmo?"

"Você sabe quantos anos eu tenho!", respondi. "Dez anos!"

Ele assentiu com cuidado. "Então faça essa pergunta de novo quando estiver com onze."

Em seguida, ele trocou de canal para assistir ao jornal e voltou a comer o resto do biscoito. Eu não só fiquei sem saber o que significa sexo, mas também fiquei sem assistir ao final de "Os Simpsons". Eu nunca consegui descobrir se o Homer conseguiu o que queria.

## Perguntas difíceis

Há algumas coisas na vida que podem paralisar um homem. Ter um branco durante uma apresentação importante de negócios é uma delas. Ser parado por um policial de trânsito para uma inspeção de rotina é outra. Mas talvez o mais assustador para a maioria dos homens seja ser abordado pelos próprios filhos com perguntas relacionadas ao tema da sexualidade.

Embora conversar sobre esse tema com o seu filho possa não ser algo que o deixe confortável, essa tarefa é, com certeza, essencial. A única forma de não fazer isso é manter silêncio sobre o assunto, ignorando todas as perguntas repetidamente até que o seu filho pare de fazê-las. Infelizmente, essa abordagem quase sempre leva as crianças a obter as respostas de mais fontes duvidosas – na maioria das vezes, dos amigos –, e os potenciais riscos que eles correm ao receber informações falsas como verdadeiras são numerosos. O sexo entre menores de idade é muito mais comum entre os sexualmente desinformados do que entre aqueles que têm um conhecimento real e sensato do tema, por exemplo, sobre as doenças sexualmente transmissíveis e sobre a gravidez. O preço que um pai paga por se poupar de um pouco de vergonha pode ser bem alto.

Como um grande pai, você provavelmente concordará que o silêncio não é uma opção. Então, como exatamente devemos proceder para oferecer a educação sexual de que nossos filhos precisam? Quanto os filhos realmente precisam saber? Quando eles precisam saber isso? E como falar sobre sexo de forma que não o faça soar incrivelmente atraente? Essas são perguntas difíceis, por isso, vamos abordar cada uma delas por vez e, com isso, chegar a uma estratégia sensata para educar os nossos filhos de uma forma realmente benéfica.

## COMO PROPORCIONAR AOS FILHOS EDUCAÇÃO SEXUAL?

A forma tradicional de os pais educarem seus filhos sobre sexo é sentar com eles, conversar por meia hora sobre as aves, os ovos, as abelhas, a polinização (sendo o mais vago possível e evitando cuidadosamente colocar seres humanos na conversa) antes de deixá-los descobrir do jeito deles que diabos tudo aquilo tem a ver com o assunto. Infelizmente, só 50% disso é brincadeira. Embora os pais das gerações anteriores tenham relutantemente apresentado "os fatos" sobre sexo aos seus filhos, eles fizeram isso muitas vezes de forma deliberadamente vaga – tendo o cuidado de usar terminologias técnicas e fisiológicas (de preferência latim) esperando que os filhos, na verdade, não as entendessem. Isso geralmente fazia um pai sentir-se bem consigo mesmo, orgulhoso de ter "feito a sua parte", mas o que era feito não fornecia o tipo de informações do mundo real que um filho queria ou precisava saber.

Hoje estamos muito mais esclarecidos, e embora uma conversa descontraída sobre o tema ainda seja a principal arma nessa luta contra a desinformação, temos outro recurso importante disponível que pode facilitar, e muito, essa conversa – os livros!

Há muitos livros que foram escritos especificamente para filhos, com uma vasta série de assuntos, incluindo puberdade, menstruação, hormônios, relações sexuais, estilo de vida homossexual e doenças sexualmente transmissíveis. Um dos melhores livros disponíveis é o *Vamos falar sobre sexo*, escrito por Robie H. Harris. Esse livro foi escrito para as crianças que estão se preparando para a puberdade ou passando por ela e apresenta todas as informações factuais de que elas necessitam em uma linguagem com a qual elas conseguem se identificar. *Vamos falar sobre sexo* é um livro que eu pessoalmente recomendo que todos os pais tenham em mãos quando for a hora certa. São inúmeras as vantagens de dar um livro sobre educação sexual apropriado para a idade de um filho:

- Ao presentear o seu filho ou a sua filha com um livro sobre o assunto, você estará demonstrando que não está constrangido com o assunto. Isso fará você parecer mais acessível se ele ou ela tiver uma pergunta não abordada pelo livro.
- Você está fornecendo ao seu filho uma fonte confiável de informações que ele ou ela pode consultar de vez em quando. Isso é importante porque reduz a probabilidade de a criança acreditar em informações equivocadas vindas dos amigos.
- Quando o seu filho passar por mudanças fisiológicas, ele conseguirá procurar qualquer coisa sobre o assunto sem se sentir constrangido.

Mas isso não significa, de forma alguma, que você está livre de passar alguma vergonha. Seu filho ainda vai fazer perguntas de vez em quando e, portanto, ainda será necessário ter uma conversa bastante detalhada sobre determinado assunto em algum momento para garantir que ele o compreenda. Mas um livro bem escolhido pode certamente facilitar o seu trabalho de educar um filho.

## O QUE OS FILHOS PRECISAM SABER, E QUANDO?

Há uma diferença entre as informações que um filho precisa saber e as informações que ele ou ela *gostaria* de saber. Os filhos são criaturas curiosas e não é, portanto, de se estranhar que a maioria deles queira saber o máximo possível sobre sexo e com o máximo de detalhes. Mas isso não é necessariamente o que eles precisam saber, e dar muitas informações em pouco tempo pode ser tão problemático posteriormente quanto dar pouca informação tarde demais.

Uma boa regra prática é o suficiente para fornecer informações precisas aos seus filhos de forma que eles consigam tomar decisões e viver as próprias vidas sem qualquer medo ou confusão. Eis algumas orientações gerais que podem ser úteis.

### De 0 a 5 anos de idade

Os filhos nesta faixa etária precisam realmente saber muito pouco sobre sexo. A criança com cinco anos de idade mais curiosa pode apontar para você no banheiro e perguntar "O que é isso?". Mas, nessa fase, você pode simplesmente falar o nome do órgão, "Chama-se pênis", e deixar como está.

**Dos 6 aos 10 anos de idade**

Os filhos nessa faixa etária vão começar a fazer perguntas. No início, as perguntas serão provavelmente bastante básicas e surgirão quando eles virem algo na televisão ou quando ouvirem os mais velhos falando sobre algo no *playground* da escola. Você pode lidar com a maioria das perguntas básicas de uma forma bastante casual. Por exemplo, em resposta a "Onde estão as bolas, porque o João disse que acertaram as bolas dele no jogo futebol?", você pode responder que "Algumas pessoas usam a palavra 'bolas' para se referir aos próprios testículos".

Até mais ou menos os nove anos de idade, é quase sempre uma boa ideia trabalhar junto com a escola ao responder às perguntas sobre sexo. Os professores ficam, geralmente, muito felizes em poder ajudá-lo a lidar com essa área potencialmente difícil da paternidade e conseguirão, muitas vezes, proporcionar-lhe uma visão sobre o que os seus filhos estão aprendendo em relação ao sexo na escola, se estiverem aprendendo algo.

Mais tarde, quando seu filho estiver chegando à puberdade, você precisará ser mais acessível e próximo dele. Se não for, ele/ela poderá se sentir confuso ou até mesmo com medo quando ocorrerem as inevitáveis mudanças fisiológicas associadas a esse momento. Nessa fase, é uma boa ideia sentar-se com o filho e discutir como o corpo pode mudar nos próximos anos e demonstrar a ele/ela que você está disponível para responder a qualquer pergunta sem constrangimento.

### Dos 11 aos 15 anos de idade

Essa é a fase em que seu filho vai fazer muitas perguntas sobre a sexualidade, por isso, é importante começar do jeito certo. Se você já não tiver feito isso, assim que as perguntas começarem a aparecer, considere comprar um livro especialmente destinado às crianças sobre o tema da sexualidade, como discutido anteriormente. O livro não só vai responder a muitas das perguntas de forma direta, como também vai incentivar um leitor relutante a ler algum livro de vez em quando.

Ao responder às perguntas das crianças nessa faixa etária, não subestime o quanto elas precisam saber. Você pode pensar que sua filha de doze anos de idade está a anos-luz da possibilidade de fazer sexo, mas é melhor prevenir do que remediar. Se surgirem dúvidas sobre contracepção e outros assuntos relacionados, tente respondê-las da forma mais completa possível.

Algumas escolas de Ensino Fundamental II e Ensino Médio têm programas de educação sexual que utilizam recursos multimídia (vídeos, DVDs etc.) para fornecer informações acerca de uma vasta série de questões, por exemplo, contracepção, doenças sexualmente transmissíveis, gravidez, homossexualidade e assim por diante. Mesmo que alguns pais possam querer que seus filhos não participem de tais sessões, é provavelmente imprudente fazer tal proibição a menos que você tenha uma razão muito forte para isso.

**Dos 16 aos 20 anos de idade**

Em algum momento durante essa etapa da vida dos filhos, eles vão começar a pegar os conhecimentos teóricos adquiridos e colocá-los em prática. Seu papel é fornecer informações como e quando for questionado por um filho, e fazê-lo sem reservas. Se o seu filho aparecer com uma pergunta a qual você não sabe responder, uma ótima saída é pedir que ele procure um centro de aconselhamento sexual. Ou, alternativamente, estoque você mesmo folhetos, livros e sites seguros e confiáveis na internet sobre uma variedade de assuntos para que tenha algo em que se apoiar quando necessário.

## FALANDO SOBRE SEXO SEM TORNÁ-LO INCRIVELMENTE ATRAENTE

Sejamos sinceros: o sexo é excitante, e sabemos disso. Então, como podemos falar sobre esse assunto sem fazê-lo soar incrivelmente atraente para uma criança de dez ou onze anos de idade? Há uma série de orientações que podemos seguir a respeito disso:

- Certifique-se de que seu filho saiba a idade legal para praticar sexo desde o início. Diga a ele que

é contra a lei fazer sexo com idade inferior a quatorze anos e que essa lei está em vigor por uma razão muito boa – sexo quando menor pode levar a uma série de problemas muito graves.
- Discuta esses problemas graves abertamente. Conte ao seu filho os perigos das doenças sexualmente transmissíveis, do vírus da aids e da gravidez. Ao deixar claro que o sexo pode causar uma doença física, quando feito sem uma preparação adequada, o seu filho terá menos chances de experimentá-lo antes da hora.
- Fale sobre sexo no contexto de um relacionamento afetivo. Os filhos mais jovens tendem a mostrar interesse em sexo muito antes de mostrar qualquer interesse em relacionamentos, por isso, ao apresentar um no contexto do outro você conseguirá diminuir o interesse e o apelo.
- Não fale sobre sexo constantemente. Embora educar seus filhos seja algo essencial, é melhor deixá-los aprender gradualmente à medida que crescem, em vez de sobrecarregá-los com uma massa de informações de uma só vez. Ao adotar essa abordagem, eles verão o sexo como mais uma parte da vida, não como o "a coisa mais importante" da vida adulta.

## LIDANDO COM NAMORADOS E NAMORADAS

Em algum momento, seu filho vai descobrir o apelo das relações pessoais e um namorado ou uma namorada vai entrar em cena. Inicialmente, o termo "namorado" ou "namorada" será utilizado de forma bastante vaga, por isso, não entre em pânico quando a sua filha de dez anos de idade utilizá-lo à mesa de jantar. À medida que os filhos crescem, porém, os relacionamentos formados por eles se tornarão mais sérios e poderão muito bem envolver beijos e carícias quando eles estiverem com quatorze ou quinze anos. Nessa fase, você terá de se equilibrar na corda bamba entre permitir que a sua filha tenha a liberdade de aprender sobre relacionamento dessa forma prática e estabelecer limites sensatos para protegê-la. Você também precisará fazer o que puder para ajudá-la a aprender alguma coisa com o relacionamento. As ideias a seguir vão ajudá-lo nessa área:

Mantenha a porta do quarto do filho aberta. Alguns pais optam por tornar os quartos uma área proibida, pelo menos quando se trata do sexo oposto, e essa é uma opção válida. No entanto, se você permitir o uso do quarto, é uma boa ideia manter a porta aberta em todos os momentos para que os filhos não consigam abusar da privacidade.

- Eduque seu filho sobre relacionamentos. Deixe-o consciente do que é e do que não é um comportamento aceitável em um relacionamento; e, a menos que o seu filho tenha mais de quatorze anos, sua postura deve ser a de que a atividade sexual não é aceitável.
- Encoraje-o a manter amizades com outras pessoas. Às vezes, um filho vai negligenciar outros amigos para focar a namorada. Infelizmente,

quando o relacionamento chega ao fim, esse tipo de comportamento poderá deixar o seu filho sem o apoio dos amigos.
- Não zombe do relacionamento. Para você, isso é um fogo de palha, e você sabe que não vai durar. Mas para o seu filho é algo real e destinado a durar pela vida inteira. Não permita que a sua opinião mais objetiva negue o relacionamento do seu filho. Em vez disso, permita que ele se divirta e aprenda com o que está acontecendo levando o relacionamento mais a sério.
- Defina um horário de entrar, regras e limites para que você saiba exatamente onde o seu filho ou a sua filha está em todos os momentos. Ele/ela sempre será uma responsabilidade sua, não da namorada (ou do namorado). Lembre-se disso, não importa quão confiável a namorada dele (ou o namorado dela) pareça.
- Esteja pronto para juntar os cacos. Se o relacionamento terminar, o seu filho poderá ficar magoado. Isso é perfeitamente natural e permite que a pessoa aprenda que nem todos os relacionamentos são positivos. Seja solidário após uma separação e faça o que puder para dar ao seu filho algo mais em que ele possa focar até que o tempo cure as feridas.

## Resumo do Capítulo 14

- Embora falar sobre sexualidade com um filho possa não ser algo confortável para você, essa tarefa é, com certeza, essencial. Uma conversa descontraída sobre o tema ainda é a principal arma em nossa luta contra a desinformação, por isso, não tenha medo de falar honesta e abertamente sobre sexo quando for a hora certa.
- Além de falar, você pode presentar o seu filho ou a sua filha com um dos muitos livros sobre sexo, escritos especificamente para a faixa etária dele ou dela. O título que eu mais recomendo para as crianças que estão se preparando para a puberdade ou atravessando essa fase é *Vamos falar sobre sexo*, escrito por Robie H. Harris.
- Há uma diferença entre a informação que uma criança precisa saber e a que ela gostaria de saber. Uma boa regra prática consiste em fornecer informações precisas o suficiente para que um filho consiga tomar as próprias decisões e viver sem medo ou confusão.
- Você pode falar de sexo sem fazê-lo soar excessivamente atraente:
  - Certifique-se de que o seu filho saiba a idade legal para praticar sexo desde o início.
  - Discuta os problemas associados a sexo ainda quando menores e sexo sem qualquer tipo de proteção.
  - Discuta o sexo no contexto de um relacionamento afetivo.

# Capítulo 15
## Incentivando uma visão de mundo capacitadora

### Do ponto de vista de um filho

*Estou com quinze anos, estudando bastante para conseguir bons resultados nos exames do próximo ano e, de repente, me ocorre a seguinte pergunta: pra quê? Qual é o objetivo de conseguir bons resultados, de fazer ensino superior, de conseguir um bom emprego? Quero dizer, nós todos morreremos, não é? E do jeito que o mundo vai, podemos nos extinguir antes mesmo de eu chegar a esse ponto.*

*Conheço muitas pessoas que saíram da escola com um monte de notas boas e com a cabeça cheia de grandes ideias. Todas elas estão desempregadas ou trabalhando em coisas sem futuro ou que odeiam. Então, fico pensando, por que se preocupar em fazer planos? Porque não só aproveitar a vida do jeito que ela é? Por que não se concentrar apenas em dar uma grande festa até que Deus tire a minha vida?*

### Qual é o propósito?

Em algum momento durante a adolescência, a maioria das crianças começa a fazer perguntas sobre sua vida e sobre o mundo em que vivem. Algumas delas encontram respostas que as capacitam e as colocam na direção da luta por uma vida de felicidade e sucesso. Mas outras pessoas não; elas lutam contra um sentido verdadeiramente real de depressão ou de procurar um propósito de se juntar a qualquer um de diversos grupos que são capazes fazê-las ter uma visão maior de si mesmas.

Infelizmente, existem alguns grupos – vulgarmente conhecidos como cultos – que fazem um esforço deliberado para se vender aos jovens que estão procurando um propósito na vida. A única maneira de proteger seu filho contra tais organizações é ajudando-o a desenvolver o próprio senso de propósito.

Em gerações anteriores, as crianças tinham a noção de que a vida se tratava somente das instituições formais, por exemplo, a igreja ou algum exemplo de tradição. Mas nas últimas décadas, muitas dessas instituições e as tradições perderam seu poder de influência, e o resultado é um número crescente de filhos sem rumo.

E quem pode culpá-los? Moral, ética e integridade são palavras que perderam a importância no mundo moderno, e a única "verdade universal" ainda promovida amplamente é que as pessoas devem criar as suas próprias "verdades" ao longo da vida.

Tudo isso parece bastante teórico, eu sei, mas o tema sobre como nos vemos e enxergamos o mundo é, de fato, extremamente prático, porque ele acaba nos modelando como seres humanos. A visão que seus filhos têm do mundo – e do lugar que ocupam nele – terá um impacto dramático sobre o modo como eles vivem as próprias vidas. Ela vai determinar os objetivos a que eles aspiram, a forma como eles interagem com as outras pessoas, a maneira como eles trabalham, o jeito como eles gastam o tempo livre, a forma de falar e o modo como se comportam.

## Nove pontos de vista sobre a vida

Como isso é algo extremamente importante, seu trabalho como um grande pai é incentivar uma visão de mundo que capacitará seus filhos de forma que eles consigam atingir o pleno potencial que têm e, ao mesmo tempo, de modo que os ajude a evitar uma série de erros comuns. A melhor maneira de fazer isso não é pregar palavras vazias, mas adotar, você mesmo, uma visão de mundo mais positiva e viver isso no dia a dia e, dessa forma, ensinar pelo exemplo. Eis as principais atitudes, crenças e princípios que você deve considerar adotar para essa finalidade:

**Ponto de vista 1: O mundo é um lugar benevolente**

As pessoas que veem o mundo como um lugar intrinsecamente perigoso e opressivo tendem a viver a vida a distância, sem se envolver. Elas têm medo de assumir até mesmo os riscos mais sensatos e estão constantemente procurando coisas negativas na vida para "provar" sua crença de que o mundo está lá fora para agarrá-los. Naturalmente, esse tipo de atitude não capacita os indivíduos de forma que eles consigam aproveitar a vida ao máximo; pelo contrário, tal atitude os estimula a se esconderem em um esforço para manter a discrição a qualquer custo.

Outras pessoas que veem o mundo como um lugar essencialmente simpático e benevolente tendem a viver com entusiasmo. Elas estão dispostas a assumir riscos sensatos porque sabem que, na pior das hipóteses, serão capazes de se recompor e começar tudo de novo. Essa capacidade de assumir mais riscos na vida significa, em geral, que elas vivenciam mais felicidade e sucesso do que as outras pessoas. É claro que elas também experimentam mais tristeza e desapontamentos, mas como as pessoas com esse tipo de atitude estão constantemente procurando coisas positivas na vida para "provar" que o mundo é fundamentalmente bom, para elas, essas experiências mais negativas são frequentemente ignoradas ou, pelo menos, esquecidas rapidamente.

Não é nem preciso dizer que o mundo pode ser um lugar perigoso de vez em quando, mas infelizmente ele é o único que temos. Não podemos simplesmente pegar nossas coisas e mudar para um mundo novo; portanto, a nossa única opção é adotar o mundo em que vivemos ou passar as nossas vidas se escondendo dele. Escolher acreditar que o mundo é um lugar benevolente, em que as coisas negativas acontecem de vez em quando, é muito mais poderoso do que escolher acreditar no oposto.

**Ponto de vista 2: A autoconfiança é essencial**

Em alguns lugares, as pessoas que acreditam nelas mesmas são consideradas arrogantes, egoístas e cheias de si. Isso é uma vergonha, porque as pessoas que acreditam em si próprias tendem a ter vidas muito mais felizes do que aqueles que não acreditam. É claro que isso não significa que devemos adotar a atitude de que somos intrinsecamente superiores às outras pessoas, mas também não devemos acreditar que somos intrinsecamente inferiores a elas.

Se não acreditarmos em nós mesmos, como podemos esperar que as outras pessoas acreditem? Se não acreditamos que somos atraentes do nosso próprio jeito, como podemos esperar que outros nos achem atraentes? Se não dissermos que podemos fazer a coisa certa, quem, em seu perfeito juízo, vai nos dar a chance de provar isso? Acreditar em nós mesmos não é um pecado, mas uma condição indispensável para uma vida feliz e produtiva. É a autoconfiança que permite que pessoas com históricos de pobreza e miséria se tornem ricas e bem-sucedidas – em vez de se contentar com mais do mesmo. É a autoconfiança que possibilita que os deficientes físicos aproveitem ao máximo o que possuem, em vez de ficarem sentados clamando por autopiedade. E é a autoconfiança em si mesmo que capacitará nossos filhos para que eles tirem o máximo proveito da vida, em vez de estarem dispostos a aceitar, como diria o poeta Henry David Thoreau, vidas de desespero silencioso.

**Ponto de vista 3: Somos o que pensamos**

O que acreditamos sobre nós mesmos como indivíduos determina o que vamos tentar e o que vamos evitar. Essa crença também influencia como as pessoas nos veem. Um empresário que acredita que seu produto é o melhor do mundo tende a ter muito mais sucesso do que aquele que acredita que seu produto é medíocre. Uma pessoa que acredita ser atraente tende a ser mais popular entre os outros do que uma pessoa que acredita ser feia.

Como grandes pais, precisamos incentivar os nossos filhos a se verem de uma forma positiva. Precisamos ensiná-los a "acentuar os aspectos positivos" e "eliminar os negativos" para que eles criem uma autoimagem forte, confiante e cheia de recursos.

### Ponto de vista 4: A felicidade é uma questão de escolha

Muitas pessoas passam a vida inteira em busca da felicidade, na crença equivocada de que ela é um bem que de alguma forma precisa ser procurado e obtido. Alguns enxergam a felicidade no topo da carreira. Outros pensam que ela pode ser adquirida pelo acúmulo de muito dinheiro. E há alguns outros que ainda tentam encontrá-la no sexo ou nas drogas. Infelizmente, como qualquer um que tenha tentado essas coisas vai abertamente admitir, a felicidade não será encontrada em nenhum desses lugares.

A felicidade não é algo que pode ser obtido, mas algo que todos nós podemos escolher viver sempre que quisermos. É verdade que ter uma bela casa e um carro bonito pode facilitar a escolha da felicidade, mas essas coisas não são nenhum pré-requisito e certamente não garantem a condição de felicidade.

É por isso que há tantas pessoas com confortos, digamos, externos, mas que não são felizes, e também há muitas pessoas que estão felizes, apesar de enfrentarem algumas circunstâncias pessoais extremamente desafiantes.

Como um indivíduo escolhe ser feliz? Simplesmente escolhendo! No esquema maior das coisas, cada dia vivido sobre a Terra é realmente um ótimo dia, então, por que não escolher ser feliz logo que você acorda pela manhã? Ao adotar esse hábito, você pode ser feliz, não importa o que a vida coloque no seu caminho – e, como você está feliz, conseguirá lidar com a vida de forma muito mais eficaz do que alguém que escolhe ser frustrado ou triste; além disso, você será um ótimo exemplo para seus filhos.

**Ponto de vista 5: O sucesso é algo alcançável**

As pessoas que têm sucesso na vida por meio de seus próprios esforços (o que desclassifica automaticamente todos os ganhadores da loteria e similares) tendem a ser aquelas que acreditam que o sucesso é alcançável. Isso já era de se esperar. Se uma pessoa não acredita que o sucesso é algo realmente possível, então, qual o objetivo de sequer tentar? Ele ou ela pode também ligar a TV e assistir às novelas, em vez de lutar pelo sucesso.

Ao contrário do que muitos pensam, o sucesso não depende de classe, raça, idade, formação, apoio financeiro ou qualquer outro fator desse tipo. Uma prova disso pode ser encontrada na seção "Biografia" da sua biblioteca local. Lá você vai ler histórias de pessoas que, nascidas em desvantagem como quase todas as demais, superaram as expectativas dos seus iguais para atingir níveis extremamente elevados de sucesso. Essa velha história de superação não é encontrada apenas no mundo das estrelas de cinema e celebridades da mídia, mas também em todas as áreas da vida das pessoas ao redor do mundo, incluindo a política, o esporte, a arte e a literatura.

Se muitas pessoas com origens tão desfavorecidas ousaram acreditar que o sucesso é alcançável, e comprovada a hipótese de que ele acontece, faz sentido que todos nós devamos ousar acreditar na mesma coisa. Comece por acreditar em si próprio, então, viva essa crença e incentive seus filhos a seguirem o exemplo.

**Ponto de vista 6: O trabalho produtivo é sempre recompensado**

Embora as palavras mais ouvidas no século XXI tendam a ser aquelas como "instantâneo", "fácil" e "simples", a realidade da vida é que as pessoas que se comprometem a trabalhar produtivamente sentem-se muito melhor consigo mesmas do que aquelas que estão sempre escolhendo a opção mais ociosa. O trabalho produtivo é sempre recompensado. Isso não significa que há sempre uma recompensa financeira, mas trabalhar duro não significa apenas ganhar dinheiro. O valor real do trabalho duro está na forma como ele nos ajuda a desenvolver o caráter, a autodisciplina e o senso de realização.

Incentivar nossos filhos a ter prazer em trabalhar produtivamente em prol deles mesmos é algo que permite que eles obtenham benefícios para o resto de vida, especialmente em termos de carreira. Modas e modismos vêm e vão, mas aqueles que trabalham de forma produtiva e gostam de agir dessa forma serão sempre reconhecidos pelo seu valor imenso para com a sociedade.

**Ponto de vista 7: Definir metas é algo muito importante**

A menos que tenhamos uma ideia muito clara de aonde queremos chegar na vida, como podemos chegar lá e como sabemos que estamos lá? Os seres humanos são criaturas movidas por metas, e ficamos mais satisfeitos quando estamos buscando uma meta que estabelecemos para nós mesmos. Mas, se não estabelecermos metas, a vida pode começar a ficar sem rumo, e até sem-graça.

Não é difícil incentivar os filhos a estabelecerem metas. Eles podem estabelecer metas relacionadas aos hobbies e interesses ou relacionadas aos horários de lição de casa. A natureza de objetivos deles não é tão importante como estabelecer o hábito de definir tais objetivos. No entanto, precisamos garantir que os filhos tenham uma chance realista de atingir os objetivos propostos, caso contrário, eles vão ficar frustrados e perder o interesse rapidamente.

Os objetivos devem ser estabelecidos por escrito para que eles possam ser conferidos regularmente. Escrever as metas também permite que um filho risque-as no papel assim que elas forem atingidas e, portanto, proporcionará aos seus filhos um sentido muito real de realização.

**Ponto de vista 8: Os tempos difíceis aparecem para nos ajudar a amadurecer**

Todos nós enfrentamos momentos difíceis na vida: seja ir mal em um teste, terminar um namoro, uma separação, perder um emprego que gostamos ou lutar contra problemas de saúde. Não faz sentido – nem é útil – fazer nossos filhos acreditarem no contrário. Em vez disso, precisamos dar a eles uma maneira de enxergar os tempos difíceis de uma forma positiva e poderosa para que não se sintam oprimidos por esses eventos.

Uma boa forma de incentivar uma postura de responsabilidade é ver os tempos difíceis como coisas que nos ajudam a amadurecer. Podemos observar na natureza que as árvores mais fortes são muitas vezes aquelas que estão expostas a ventos mais fortes. Podemos observar também que os animais mais fortes tendem a ser aqueles que possuem inimigos mais ferozes. Se aplicarmos essas observações à vida como um ser humano, podemos concluir que os tempos difíceis que enfrentamos são, pelo menos potencialmente, os veículos que podem nos ajudar a crescer e evoluir de diversas formas. Esse ponto de vista não tornará necessariamente os tempos difíceis menos graves, mas vai nos ajudar a procurar pelas frestas de luz nas nuvens escuras que passam sobre nossas vidas. Alguém muito mais sábio que eu disse que todos os problemas que enfrentamos contêm a semente de um benefício ainda maior. Ao se concentrar em olhar na direção do benefício, em vez de ficar no lado negativo do problema, obtemos uma perspectiva mais ampla e podemos optar por tirar algo positivo da experiência.

**Ponto de vista 9: Não existem falhas, somente experiências**

Rotular alguém como fracassado não é capacitar nem por um segundo, mas as pessoas fazem isso o tempo todo. Como resultado, essas mesmas pessoas têm medo de se arriscar porque temem só de pensar em fracassar, de modo que escolhem contentar-se com a mediocridade da vida em vez de seguirem o próprio potencial.

Uma visão muito mais capacitadora é dizer que não existem fracassos na vida – só existem experiências para nos ensinar. Os cientistas não tentam uma coisa e depois, vendo que não deu certo, jogam a toalha porque fracassaram. Em vez disso, eles aprendem com o resultado ruim ou inesperado e ajustam a sua ação para a próxima experiência. Ao adotar essa atitude mais positiva, cada experiência "negativa" ajuda-os a avançar até que o sucesso seja obtido como resultado natural.

Isso vai provavelmente servir muito bem para eliminar a palavra "fracasso" do seu vocabulário, e ela certamente não deve ser uma palavra que você usa para descrever as pessoas. Em minha opinião, os únicos fracassados na vida são aqueles que escolhem não tentar nada.

Adotar essas nove atitudes e crenças e, depois, ensiná-las aos seus filhos, vai ajudá-lo a garantir que eles cresçam com uma visão de mundo capacitadora. Essa perspectiva positiva vai enriquecer tudo o que eles fazem, aumentar as chances que eles têm de serem felizes e bem-sucedidos e até mesmo tornar os momentos mais difíceis algo tolerável. Se isso não é capacitar, eu não sei o que é.

## Resumo do Capítulo 15

- Em algum momento durante a adolescência, a maioria das crianças começa a fazer perguntas sobre suas vidas e sobre o mundo em que vivem. Seu trabalho como um grande pai é incentivar uma visão de mundo que irá capacitar seus filhos a atingirem o pleno potencial que têm e ajudá-los a evitar uma série de erros comuns.
- A melhor maneira de fazer isso é adotar, você mesmo, uma visão de mundo mais positiva e viver isso no dia a dia e, dessa forma, ensinar pelo exemplo. Os principais pontos de vista – atitudes, crenças e princípios – que você deve considerar adotar são:
  - 1: O mundo é um lugar benevolente.
  - 2: A autoconfiança é essencial.
  - 3: Somos o que pensamos.
  - 4: A felicidade é uma questão de escolha.
  - 5: O sucesso é algo alcançável.
  - 6: O trabalho produtivo é sempre recompensado.
  - 7: Definir metas é algo muito importante.
  - 8: Os tempos difíceis aparecem para nos ajudar a amadurecer.
  - 9: Não existem falhas, somente experiências.

# Capítulo 16
## Sendo um grande pai para um adulto

## Do ponto de vista de um filho adulto

*Bem, esta é a parte difícil. Meus primeiros três meses no novo emprego já passaram. Não foi tão assustador como eu pensei que seria, mas estou feliz por ter me dedicado no tempo da faculdade porque eu realmente preciso saber o que estou fazendo e se eu vou atingir meus objetivos profissionais nos anos seguintes.*

*Falei com meu pai ao telefone ontem e ele perguntou como eu estava. Disse que tudo estava indo muito bem, embora houvesse tido um dia que não tinha sido tão bom porque precisei dar uma advertência verbal no supervisor da produção. Eu não gosto muito de fazer isso.*

*"Então, por que você fez isso?", meu pai perguntou. "Ele provavelmente trabalha lá há anos e não queira que nenhum garoto recém-formado diga como ele tem que fazer o próprio trabalho."*

*Eu sei que meu pai não estava com más intenções, mas está começando a me incomodar a forma como ele ainda insiste em pensar que sou um menino. Fui contratado para fazer o trabalho que eu faço porque eu estudei muito e obtive os melhores resultados da região. Já fui treinado pela empresa, e é minha responsabilidade garantir que tudo corra bem. Não posso deixar de arcar com essas responsabilidades só porque eu estou com meus vinte anos.*

*Não sou mais um garoto de doze anos jogando damas. Eu cresci. Amadureci. Sou um homem agora. Espero que meu pai perceba isso um dia.*

## DEIXANDO-OS SEGUIR O PRÓPRIO CAMINHO

Ser um grande pai para um adulto não é uma coisa muito fácil. Como a nossa experiência com os filhos começa quando eles são recém-nascidos, criamos rapidamente o estigma de que o bem-estar deles depende totalmente de nós. Embora os filhos tornem-se naturalmente mais capazes e independentes à medida que envelhecem, é difícil para muitos pais se acostumarem com isso. Mesmo quando os filhos se tornam adultos legalmente, os pais ainda podem achar extremamente difícil abandonar a noção de que os filhos precisam deles para sobreviver e prosperar. Em vez disso, eles, inconscientemente, apegam-se à noção de que, sem sua orientação contínua, seus filhos estragariam a própria vida.

Embora essa noção possa fazer os pais se sentirem bem consigo mesmos (porque isso os faz sentirem-se necessários), geralmente não é algo que ajuda a desenvolver relacionamentos adultos saudáveis com os filhos, por dois motivos.

Em primeiro lugar, se os pais não reconhecerem que seus filhos adultos são realmente adultos, eles vão automaticamente assumir que precisam continuar ajudando-os e orientando-os regularmente. E, infelizmente, o que deveria ser útil do ponto de vista dos pais acaba sendo, muitas vezes, visto como uma interferência do ponto de vista dos filhos, e isso pode estragar alguns relacionamentos com o passar do tempo.

Alguns podem pensar que esse desejo de interferir é algo que os pais naturalmente "perdem" conforme os filhos ficam mais velhos, mas, em alguns casos, isso não acontece. É por isso que há tantas pessoas na casa dos quarenta que se queixam de que os pais ainda os tratam como crianças, oferecendo, a cada oportunidade, conselhos sem serem convidados, ou, em alguns casos, na verdade, dizendo-lhes o que fazer.

Outro inconveniente comum para os pais que não permitem que seus filhos sigam o próprio caminho quando adultos é que eles geralmente passam por momentos difíceis com o sentimento de realização porque acham que seus filhos ainda devem desempenhar um papel central em suas vidas diariamente. Quando isso não ocorre (porque os filhos estão vivendo a própria vida), esses pais tendem a sentir um vazio por dentro e continuam a senti-lo até mudarem de fase, permitindo que os filhos sigam o próprio caminho.

Certamente, não é só o fato de os pais não permitirem que seus filhos sigam o próprio caminho que pode causar problemas no relacionamento com os filhos adultos. Muitos dos próprios filhos adultos também não se permitem seguir em frente. Não porque eles não estão prontos para viver a própria vida, mas simplesmente porque continuar vivendo com os pais é muito mais cômodo e fácil do que ser totalmente responsável. Não há nenhum aluguel a pagar, IPTU, as refeições sempre estão prontas sem nenhum esforço, a roupa suja fica magicamente limpa e passada... As vantagens dos filhos que ainda moram com os pais durante a vida adulta não são difíceis de identificar. É por isso que um número cada vez maior de adultos continua vivendo com os pais mesmo quando chega aos trinta anos.

Devemos ser, obviamente, flexíveis com nossos filhos adultos, e não estou sugerindo, em momento algum, que devamos simplesmente jogá-los na rua para que eles aprendam a se virar sozinhos aos dezoito ou vinte anos de idade. O que estou sugerindo é que precisamos estar conscientes do que é, de fato, ser um grande pai para um adulto; em alguns aspectos, é algo completamente diferente de ser um grande pai para uma criança. Se não fizermos essa distinção, então é provável que pais e filhos sofram como resultado disso.

## Estratégias para a "segunda fase" da paternidade

Fazer essa importante distinção seria muito mais fácil se pensássemos na educação dos nossos filhos em duas fases distintas. A "primeira fase" ocorreria do nascimento deles até os dezoito anos de idade. A "segunda fase" começaria aos dezoito anos, quando eles se tornam adultos legalmente, e continuaria para o resto de vida deles.

Ao olhar as coisas nesse contexto, faz sentido precisarmos de estratégias diferentes para cuidar dos filhos na segunda fase – distintas, é claro, das que usamos durante a primeira fase. Não precisamos de muitas dessas estratégias (porque se conseguirmos deixá-los seguir o próprio caminho, então a nossa participação direta na vida dos filhos adultos diminuirá, obviamente, com o passar do tempo) –, mas precisamos de alguns princípios aos quais podemos aderir para tornar a criação na segunda fase mais fácil e eficaz.

Talvez a melhor forma de discutir essas estratégias seja examinar como a vida dos nossos filhos tende a mudar à medida que eles envelhecem. Uma vez que tenhamos identificado o tipo de coisas pelas quais eles vão passar, podemos sugerir maneiras relevantes e eficazes de oferecer vários tipos de apoio parental, sem sermos intrusivos.

**Dos 18 aos 29 anos de idade**

Geralmente a primeira década da idade adulta é a mais difícil para todos, porque é uma mudança para ambos, pais e filhos. Nessa fase da vida, seu filho ou sua filha vai explorar a si mesmo e ao mundo, bem como tomar uma série de decisões importantes que podem afetar as décadas seguintes de forma bastante drástica. Os seus filhos terão de escolher a carreira a seguir, o local onde morar, os hobbies e interesses a desenvolver e assim por diante.

Para você, como um grande pai, essa é a fase em que você tem de aprender a permitir que os seus filhos sigam com as próprias vidas – do jeito deles, é claro. Você já passou dezoito anos ensinando-lhes tudo o que você sabe, de andar a falar, e deu um bom exemplo, portanto, agora cabe a eles continuar. Os princípios essenciais que você pode seguir nesse momento são:

- Não espere que seus filhos tomem decisões as quais você sempre vai aprovar. Porque cada adulto é um indivíduo, que invariavelmente escolhe fazer coisas com as quais você não concorda. Espere que isso ocorra desde o início e lembre-se de que eles têm todo o direito de fazer o que querem fazer com a própria vida. A decisão que eles tomam de adotar diferentes crenças e valores não significa necessariamente que eles não o amam ou que não respeitam o seu ponto de vista, mas simplesmente que se sentem independentes e confiantes o suficiente para seguir o próprio caminho.
- Não ofereça conselhos, a menos que seja expressamente convidado a fazê-lo, e certamente não pregue ou dê sermões aos seus filhos sobre o estilo de vida que eles escolheram ou sobre os hábitos que adquiriram só porque você, pessoalmente, prefere algo diferente. Dar conselhos indesejados continuamente acabará por fazer seus filhos verem-no como um intrometido, e isso pode levar ao ressentimento.
- Seja resistente a choques e surpresas. Da mesma forma como você, sem dúvida, disse ou fez coisas que poderiam ter chocado seus próprios pais, seus

filhos vão, provavelmente, fazer coisas piores. Isso é simplesmente uma evolução no trabalho. À medida que os anos passam, as coisas mudam. Palavras que foram consideradas obscenas vinte anos atrás são agora consideradas parte do vocabulário cotidiano normal. Coisas que você atualmente considera um tabu ou uma blasfêmia podem ser banais daqui a vinte anos. Se você aceitar que as coisas mudam, que os horizontes se ampliam e que seus filhos pertencem à geração atual, que eles vão estressar ainda mais as barreiras existentes, haverá uma probabilidade menor de se perturbar ou ficar chocado quando algo acontecer.

- Se eles pedirem seus conselhos, aconselhe, mas não espere ser "seguido". Os jovens adultos pedem conselhos porque querem um ponto de vista diferente. Eles querem saber o que você faria em determinada situação. Embora essas novas perspectivas possam muito bem ajudá-los a formar as próprias decisões, eles provavelmente não vão seguir o conselho dado ao pé da letra.
- Seja um incentivador. Respeite a individualidade dos seus filhos e incentive-os a viver a vida ao máximo. O que eles precisam nessa fase, mais do que qualquer outra coisa, é saber que você os apoiará sempre e que, apesar das diferenças, vocês dois estão jogando no mesmo time.
- Continue com a sua vida. Quando os filhos atingem a idade adulta, você, como pai, terá a oportunidade de focar-se em algo para a sua própria vida. Agarre essa oportunidade com as duas

mãos. Adquira um novo hobby, passe mais tempo viajando e não se sinta culpado por colocar-se em primeiro lugar.

**Dos 30 aos 39 anos de idade**

A segunda década da vida adulta é aquela em que a maioria das pessoas se estabelece para o resto da vida. Elas vão se concentrar no desenvolvimento de suas carreiras e muitas vão se casar e ter filhos. Para você, como um grande pai, isso obviamente significa que você pode ter a perspectiva de se tornar avô. Os princípios fundamentais a serem considerados ao longo desse estágio são:

- Lembre-se de que seus filhos possuem as regras deles. Na década anterior, seus filhos devem ter tomado algumas decisões bastante importantes sobre como querem viver e, nesse momento, as posições pessoais já estarão fortes e sólidas. Como um grande pai, respeite as regras e atitudes dos seus filhos e não cometa o erro comum de esperar que eles aceitem e utilizem as suas regras e preferências. Uma boa regra prática é ver-se como hóspede ao interagir com seus filhos e proporcionar a eles o mesmo nível de cortesia que faria para qualquer outro hóspede.
- Ofereça ajuda prática. Como você mesmo sabe e já passou por essa experiência, atingir essa fase com uma família não é sempre algo fácil, e os seus filhos podem apreciar qualquer ajuda prá-

tica que você ofereça, por exemplo, passar um dia cuidando dos netos etc. Na maioria dos casos, seus netos apreciarão, e muito, sua participação, portanto, não tenha medo de oferecer ajuda prática, se essa for sua vontade.
- Seja cauteloso com conselhos. Continue evitando dar conselhos sem nenhuma solicitação.

### A partir dos 40 anos

Uma vez que seus filhos chegaram aos quarenta anos, eles poderão começar a fazer uso de uma abordagem mais filosófica da vida. Os assuntos aos quais eles talvez não tenham dado muita atenção no passado (como o envelhecimento, a morte, o sentido da vida etc.) tendem a ser considerados, por isso, não se surpreenda se eles o procurarem para pedir a sua opinião quanto a tais assuntos. Outros poderão experimentar o que é comumente referido como a "crise da meia-idade" e passar algum tempo reavaliando as prioridades e a vida como um todo. Tudo isso significa que as melhores estratégias a adotar são as seguintes:

- Compartilhe sua experiência. É uma boa ideia conversar com seus filhos sobre a sua vida, as suas crenças e por que você viveu da maneira que viveu. Não estamos falando em dar conselhos, mas em simplesmente compartilhar suas experiências de modo que você dê a seus filhos a oportunidade de eles realmente entenderem quem você é

como pessoa. Nessa fase, seus filhos estarão prontos para admitir que eles não são tão diferentes de você como eles acreditavam ser no passado.
- Ouça sem julgar. Se seus filhos se aproximarem de você para falar sobre a própria vida e as dificuldades que estão enfrentando, esteja pronto para ouvi-los sem advertir ou julgar. Se eles pedirem algum conselho, proporcione uma visão com a perspectiva de longo prazo que você terá certamente adquirido nesse momento da vida.
- Não tenha medo de pedir ajuda. Nesse momento em sua vida, o mundo dá muitas voltas, e as coisas podem mudar e fazê-lo ver-se numa posição em que você mesmo precisará pedir conselho ou ajuda. Se isso acontecer, você provavelmente descobrirá que seus filhos ficarão mais do que felizes em ajudá-lo, mas eles não conseguem ler a mente alheia, portanto, não espere que eles ofereçam ajuda do nada. Em vez disso, fale e explique a situação para que eles tenham a chance de responder adequadamente.

Essas estratégias de paternidade durante a segunda fase não são difíceis de serem aplicadas e vão ajudá-lo a desfrutar do relacionamento com seus filhos durante a vida adulta deles. É claro que existem muitos outros princípios já discutidos (por exemplo, comunicar-se com eficiência) que se aplicam tanto aos filhos adultos como aos filhos crianças, portanto, certifique-se de continuar utilizando quaisquer princípios que sejam mais apropriados à situação.

## Resumo do Capítulo 16

- Ser um grande pai para um adulto não é sempre algo fácil. É, em alguns aspectos, algo completamente diferente de sê-lo para uma criança.
- É uma boa ideia pensar na paternidade considerando duas fases distintas. A primeira fase inicia-se no nascimento dos nossos filhos e dura até eles completarem dezoito anos. A segunda fase inicia-se aos dezoito anos de idade e dura pelo resto da vida deles.
- Há estratégias que podem ser empregadas em diferentes etapas da segunda fase, mas as mais importantes são:
  - Não espere que as decisões que seus filhos tomam sejam aquelas que você aprova.
  - Não ofereça conselhos, a menos que seja expressamente convidado a fazê-lo.
  - Seja resistente a choques e surpresas.
  - Seja um incentivador.
  - Continue com a sua vida.

# Capítulo 17
## Vamos falar sobre você

### Do ponto de vista típico de um pai

*Amo a minha companheira e os meus filhos mais do que qualquer outra coisa no mundo, mas às vezes... apenas, às vezes, sinto como se estivesse faltando algo, e não sei o que é. Tenho uma boa carreira, um bom salário e minha vida familiar é ótima, então, qual é o meu problema?*

*Essa é a pergunta que eu não consigo responder, mas sei que há um problema, com certeza. Em determinados dias tudo está bem, porém, em outros, tendo a ficar estressado e irritado sem nenhum motivo aparente. Nessas ocasiões, quero me afastar de tudo e de todos, mas, obviamente, isso não é possível para um homem de família. Acho que vou ter de aprender a conviver com isso.*

### Basta supor...

O que aconteceria se:

- O campeão mundial de boxe da categoria peso-pesado gastasse cada hora do dia no ringue com uma variedade de adversários dispostos a mantê-lo na defensiva?
- Os campeões da liga nacional decidissem jogar quatro competições completas de noventa minu-

tos cada (mais o tempo de lesão) todos os dias da semana?
- Um maratonista atingisse a linha de chegada e, em seguida, partisse imediatamente para correr mais 42 quilômetros?
- Seu chefe o obrigasse a trabalhar dezesseis horas por dia sem nunca ter um dia de folga?

Essas perguntas parecem absurdas, mas só porque você já sabe as respostas para todas elas. Em cada caso, o resultado seria uma drástica perda de eficiência, um aumento da fadiga física, mental e emocional e, eventualmente, o esgotamento.

Ser um grande pai é praticamente a mesma coisa. Se cada momento do seu dia é gasto com os outros: com a companheira, com o chefe no trabalho e com os seus filhos em casa, eventualmente, você descobre que perderá muitas coisas importantes no processo, incluindo sua paciência, sua eficácia e sua identidade como homem. Nesse ponto, sua vida girará em torno de um estado de exaustão, e você nunca estará pensando em si mesmo como alguém mais que um pai, um marido e um funcionário... e estará se perguntando por que não se sente mais tão bem como costumava se sentir.

## QUATRO PRINCÍPIOS PARA EVITAR O ESGOTAMENTO

Atletas sérios sabem que se querem atingir seu pleno potencial precisam permanecer um tempo suficiente fora dos treinos para descansar e se recuperar. Eles fazem um intervalo não porque não amam a emoção de competir, mas sim porque amam tanto que querem competir com o melhor de sua capacidade.

O mesmo princípio se aplica a você. Se quiser ser realmente um grande pai, um amante e parceiro notável e se desejar ser um funcionário eficaz no trabalho, você também precisará dar atenção às suas necessidades. Eis algumas formas simples de fazer isso.

### Princípio 1: Tire um tempo para si mesmo

Consideramos os princípios de gestão de tempo no Capítulo 6, então você já está ciente de como é possível ter tempo para praticamente tudo na vida se tiver uma boa razão para isso. O que você pode não ter sido avisado ainda é que tirar um tempo para você mesmo não é só importante, é realmente essencial se quiser funcionar corretamente.

Não importa quem você seja, nem como se veja; todos os homens se sentem melhor em relação às suas vidas quando reconhecem e honram seu desejo natural de ficarem sozinhos regularmente. Como o fazem e para onde vão é algo de importância secundária. Alguns homens gostam de arrumar a garagem. Outros gostam de lavar e encerar o carro. Outros ainda gostam de tocar instrumentos musicais, pintar, velejar, jogar golfe ou voar em aviões leves.

Essas coisas podem parecer frívolas, mas todas elas oferecem meios de o homem se afastar dos outros e desfrutar de relativa solidão. Isso nos dá tempo e espaço necessários para pensar sobre nossas vidas e nossos problemas e trazer à tona estratégias e planos de ação para tornar nossa vida mais agradável e eficaz no futuro.

A quantidade de tempo de que o homem precisa para si mesmo varia de indivíduo para indivíduo. Alguns homens gostam de tirar meia hora por dia, outros preferem um espaço de três a quatro horas a cada fim de semana. Você deve sentir-se livre para adotar qualquer estratégia a respeito disso, mas tenha como objetivo arranjar um tempo sozinho semanalmente, no mínimo.

### Princípio 2: Aumente seus níveis de energia física

Quanto mais energia física e vitalidade você tiver, mais eficaz será em todas as áreas da sua vida. Embora muitas pessoas pensem que a quantidade de energia física que possuem é algo que não podem controlar, geralmente estão enganadas. Todos nós podemos aumentar nossos níveis de energia física adotando quatro hábitos simples.

**Respire fundo**
O oxigênio é essencial para o nosso bem-estar físico. Quanto mais oxigênio temos em nosso corpo, mais eficaz é seu trabalho. Infelizmente a maioria das pessoas não tem bons hábitos respiratórios. Em vez de respirar completa e profundamente para energizar o corpo, tendem a respirar parcial e su-

perficialmente, o que fornece oxigênio para pouco mais que a sobrevivência.

É claro que podemos não estar conscientes acerca do nosso padrão respiratório durante todo o dia, mas a boa notícia é que não precisamos disso. Se fizermos uma pausa duas ou três vezes ao dia e focarmos nossa respiração de forma efetiva por um minuto, logo notaremos uma melhora em nossos níveis de energia, em nossa habilidade de concentração e, até mesmo, em nosso estado emocional.

O que significa exatamente o termo "respirar de forma eficaz"? Para entender, faça uma inspiração lenta e profunda, contando até quatro e deixando o abdômen expandir. Então, segure a respiração e conte até quatro antes de exalar lenta e completamente, contando até quatro e deixando que o abdômen volte ao normal. Repita esse processo dez ou vinte vezes em cada seção, de duas a três vezes ao dia, e você logo notará a diferença.

**Elimine os venenos do seu sistema**

Apesar do fato de a sociedade moderna estar supostamente consciente sobre a saúde, muitas pessoas envenenam seus corpos rotineiramente com todo tipo de substâncias nocivas. Algumas pessoas fumam cigarros, outras fumam charutos e outras consomem bebidas alcoólicas em excesso. Todos esses venenos, independentemente de trabalharem como estimulantes em curto prazo, diminuem, na verdade, em longo prazo a quantidade de energia que a pessoa possui.

Se você deseja aumentar sua energia física, precisará eliminar tais venenos de seu sistema – começando imediatamente. Pare de fumar, de qualquer forma, e reduza ao mínimo o consumo de bebidas. Claro que isso é muito simples de dizer em uma frase, e entendo que parar qualquer uma dessas coisas irá testar sua força de vontade ao limite, porém, se você obtiver todo o apoio de que necessita – por exemplo, comprando adesivos de nicotina e aderindo a grupos locais de apoio para parar de fumar – e se comprometer a continuar com o tratamento, encontrará a força necessária para o sucesso.

**Adote uma dieta saudável**

Observamos os detalhes para uma dieta saudável no Capítulo 7. Nele estávamos considerando a dieta dos nossos filhos, mas você também precisa prestar atenção no que come. Na medida do possível, comece obedecendo às regras descritas anteriormente e lembre-se do ponto principal criado:

*Uma alimentação saudável é um equilíbrio entre proteínas e carboidratos bons. É rica em frutas, verduras e fibras e contém pouco sal, açúcar, gorduras saturadas e aditivos artificiais.*

Se você adequar sua dieta para que ela atenda a esses critérios saudáveis, descobrirá que seus níveis de energia aumentarão e se tornarão mais estáveis ao decorrer de cada dia.

**Faça exercícios regulares**
Novamente, isso é algo que discutimos nos capítulos anteriores, mas vamos fazer uma pausa para examinar como o exercício está relacionado à nossa energia física. Muitas pessoas dizem que não fazem exercícios porque não têm energia. O fato é que aquelas que se exercitam regularmente acham que seus níveis de energia, na verdade, aumentam – e se você se recordar do que eu disse há pouco sobre o papel do oxigênio, não ficará surpreso.

É claro que se você não faz exercícios já há algum tempo, provavelmente precisará de uma autodisciplina antes de começar. A boa notícia é que, se você for persistente, os exercícios se tornarão mais e mais agradáveis, graças ao aumento da produção de substâncias químicas do bem-estar produzidas pelo seu cérebro durante os períodos de atividade aeróbica.

**Princípio 3: Gerencie o seu nível de estresse**

O estresse é uma parte normal da vida, e não importa quem sejamos ou o que façamos, não podemos eliminá-lo totalmente de nossa experiência. Entretanto, podemos aprender como adquirir maior controle sobre a forma como reagimos à vida e, assim, manter mínimos os efeitos negativos do estresse. Embora a atividade física seja uma boa aliada nesse sentido, uma das melhores formas de gerenciar seus níveis de estresse é aprender a disciplina da meditação diária.

Caso esteja começando a se preocupar com túnicas laranja ou cânticos de mantras, relaxe. A meditação é simplesmente um exercício mental, cientificamente provada como algo que acalma o corpo e a mente. Quando praticada regularmente, ajuda a reduzir os níveis de estresse, baixar a pressão arterial e pode até ajudá-lo a superar dependências físicas, como o fumo.

Iniciar a meditação diária é muito simples. Para começar, encontre um local calmo onde você não será perturbado. Sente-se no chão, em uma almofada ou cadeira e feche os olhos. Respire profundamente algumas vezes e permita que seu corpo relaxe. Mantenha sua coluna o mais ereto possível e permita que suas mãos descansem em seu colo ou sobre os joelhos.

Foque toda a atenção na sua respiração. "Observe" sua respiração quando ela entrar por suas narinas em cada inspiração, depois em cada expiração. Se desejar, você poderá contar sua respiração, "um" para a inspiração e "dois" para a expiração, "três" para a próxima inspiração e assim por diante, começando novamente sempre que a contagem chegar a dez.

Continue o exercício por cerca de vinte a trinta minutos e procure manter o foco em sua respiração durante todo o tempo. Essa é uma habilidade que vem com a prática, e no começo você provavelmente achará muito difícil manter a mente focada. Em vez disso, outros pensamentos podem passar pela sua mente. Repentinamente, você pode se lembrar de um prazo que precisa cumprir, de uma conta que precisa pagar ou de uma promessa que precisa manter. Quaisquer que sejam as distrações, ignore-as e volte sua atenção para a respiração.

Ao terminar sua seção de meditação, não volte simplesmente aos negócios da vida. Faça algumas longas e profundas inspirações de ar, abra os olhos e permita que a calma da meditação fique com você enquanto retorna aos seus afazeres normais.

Os benefícios da meditação são amplamente cumulativos. Isso significa que você não pode esperar meditar apenas uma vez e diminuir seu nível de estresse ao mínimo possível. Você precisa meditar diariamente, de preferência duas vezes ao dia, e permitir que os benefícios apareçam tão gradualmente quanto eles quiserem. Se fizer isso, verá que, depois de vários meses, a meditação terá se transformado em algo que melhora a sua vida mais do que poderia ter imaginado.

### Princípio 4: Mantenha um relacionamento romântico

A quarta forma de atender a suas necessidades como homem é trabalhar conscientemente para manter uma relação romântica com a sua companheira. É muito fácil para ambos os pais esquecerem que tinham um relacionamento pleno muito antes de qualquer dos filhos entrar em cena, e, a menos que vocês planejem deliberadamente manter esse relacionamento como antigamente, podem muito bem acabar vivendo mais como colegas de quarto do que como amantes.

É obviamente mais difícil ser romântico quando existem crianças ao redor do que era fazê-lo anteriormente, mas não é impossível. Eis formas de manter o seu relacionamento amoroso pelos próximos anos:

- Dedique um tempo só para vocês dois. Se você introduziu horários regulares para os seus filhos irem dormir, deve conseguir reservar pelo menos uma noite por semana para se concentrar no seu relacionamento. Embora agendar tais coisas possa parecer um pouco mecânico, é, de longe, a melhor abordagem a seguir se quiser manter um relacionamento próspero.
- Trate sua parceira como uma mulher. Quando estiver sozinho com ela, trate-a como uma mulher, e não simplesmente como uma mãe. Ela já se sente uma mãe o dia todo, então, ajude-a a se livrar desse papel, uma vez que as crianças estão seguras na cama, vendo-a como uma pessoa em vez de apenas como a descrição de um trabalho.
- Organize um passeio a dois. Faça isso pelo menos uma vez por mês, sem os filhos. Você pode precisar pedir ajuda aos parentes ou a uma babá, mas isso normalmente não é um problema. Sair de casa sem ter de se preocupar com o que o Junior está fazendo – seja para jantar em um restaurante ou para um bom almoço na churrascaria local – não é, em geral, uma coisa difícil de fazer e fará vocês dois se sentirem bem.
- Dê privacidade a vocês. À medida que as crianças vão crescendo, elas também vão ficando mais in-

vasivas. Se precisar, coloque uma pequena tranca ou corrente na porta do seu quarto para assegurar que vocês dois consigam relaxar sem se preocupar com questões de privacidade.
- Cuide-se. Muitos homens se estabilizam e, então, ficam acomodados, mas apenas poucos vão admitir isso para si mesmos. Esteja tão consciente da sua aparência e de seus modos agora quanto estava quando conheceu a sua companheira, ou você não irá muito longe.

Pensar nas próprias necessidades é algo que os grandes pais se esquecem de fazer, mas é essencial para a eficácia de longo prazo. Ao cuidar de si mesmo, como foi sugerido, você estará em muito boa forma para cuidar daqueles que ama.

## Resumo do Capítulo 17

- Se você realmente deseja ser um grande pai, precisa dar atenção às suas necessidades, bem como às de todos os outros. Há várias maneiras simples de fazer isso.
- 1: Tire um tempo para si mesmo.
- 2: Aumente seus níveis de energia física:
  - respire fundo;
  - elimine os venenos do seu sistema;
  - adote uma dieta saudável;
  - faça exercícios regulares.
- 3: Gerencie o seu nível de estresse com meditação.
- 4: Mantenha um relacionamento romântico da seguinte forma:
  - dedique um tempo só para vocês dois;
  - trate a sua esposa como uma mulher, e não simplesmente como mãe;
  - organize um passeio a dois pelo menos uma vez por mês;
  - dê privacidade a vocês;
  - cuide da sua aparência e de seus modos.

# Capítulo 18
# O kit de primeiros socorros do grande pai

Às vezes é difícil ser um grande pai, e não importa quão grande você seja, sempre vai haver o risco de alguma coisa pegá-lo de surpresa. Uma filha que engravida. Um filho que começa a usar drogas. Há muitas possibilidades para as quais você, possivelmente, não poderá planejar-se com antecedência; portanto, este capítulo servirá como um "kit de primeiros socorros" virtual, ao qual você poderá recorrer em tempos de crise.

Por ser concebido como um kit de primeiros socorros, este capítulo não é daqueles que você tem que ler inteiro, a menos que queira fazê-lo. Você pode facilmente ler apenas a primeira parte, que fornece orientações sobre como lidar com uma crise de modo eficaz, e, em seguida, consultar o restante do capítulo como e quando for necessário. Faça isso localizando o título que mais se aplica à situação que você está enfrentando e, então, consulte o texto associado àquele título.

Assim como oferecer instruções básicas para lidar com cada situação específica, cada seção também oferece detalhes de sistemas de apoio aos quais você pode recorrer para obter ajuda e conselho adicionais. Lembre-se: pedir ajuda em um momento de crise não é um sinal de fraqueza; pelo contrário, é um sinal de que é um grande pai que fará tudo o que for necessário para ajudar os filhos a viverem grandes vidas.

Dito isso, vamos começar...

## LIDANDO COM UMA CRISE DE MODO EFICAZ

Para os nossos propósitos, uma crise pode ser definida como qualquer evento que ameace mental, emocional ou fisicamente o bem-estar dos nossos filhos. Essa definição inclui, portanto, tudo, desde o luto pela morte de um ente querido até ceder ao desejo de fazer sexo antes dos dezesseis anos. Apesar dessa enorme diversidade, existem diversos passos que você pode dar para ajudar o seu filho, não importa o tipo de crise que ele ou ela esteja enfrentando.

**Passo 1: Identifique a crise**

Em muitos casos, o aspecto mais difícil de lidar com uma crise é conseguir identificar que ela existe, em primeiro lugar. Naturalmente, esse não é um problema quando a causa é óbvia (como a morte de um ente querido), mas quando a causa é menos evidente, os filhos acabam sendo, muitas vezes, bastante reservados sobre a própria situação. Isso geralmente ocorre porque um filho tem medo de como os pais podem reagir (como no caso de uma adolescente que suspeita estar grávida), ou porque, primeiramente, ele ou ela realmente não reconhece a situação como um problema (como no caso de um adolescente que gosta de pichar os estacionamentos de ônibus com os amigos nos fins de semana).

Um segredo importante para identificar uma crise é saber o que procurar. Se você estiver consciente de como o seu filho se comporta quando tudo está indo bem, é bem mais provável que você note alguma mudança repentina no comportamento dele, que pode, por sua vez, indicar um problema. Embora cada criança seja diferente, existem vários "sinais de alerta", que são frequentemente observados em tempos de crise, e conhecer esses sinais é sempre útil. Eles podem ser:

- surtos emocionais súbitos, que vão desde gritos e berros ao choro sem motivo aparente;
- perda de apetite;
- perda de interesse em atividades que são geralmente apreciadas;
- interrupção abrupta da comunicação com amigos e outros familiares e/ou uma diminuição acentuada nessa comunicação.

Qualquer uma dessas coisas isoladamente é bastante comum nos filhos, especialmente quando eles começam a ficar abatidos por causa de alguma doença física, como a gripe; por isso, não pense sempre em CRISE toda vez que o seu filho recusar a sobremesa. Mas se vários dos sinais anteriores forem observados e você tiver certeza de que ele não está doente, é provável que haja algum problema que precisa ser tratado.

**Passo 2: Comunique-se**

Uma vez que você tiver certeza de que está acontecendo uma crise, em algum nível, o próximo passo é se comunicar com seu filho para que ele ou ela se abra e discuta o assunto com você. Isso nem sempre é fácil, pois ele ou ela pode estar se sentindo culpado ou com medo da sua reação ao que quer que seja que esteja enfrentando. Geralmente, você pode incentivá-los a se abrir dando certa segurança, da seguinte forma:

- Os problemas são sempre menos formidáveis quando são compartilhados, mas muitas vezes podem parecer impossíveis de serem resolvidos quando mantidos em segredo.
- Esperar que um problema se resolva sozinho só agrava a situação, tornando-a pior. A única maneira de resolver uma crise ou superar um problema é enfrentá-los e tomar as ações necessárias para resolvê-los.
- Vocês estão do mesmo lado, e, mesmo que não concorde com as ações ou perspectivas do seu filho, você vai fazer o seu melhor para ajudá-lo a resolver qualquer que seja o problema ou a questão que ele esteja enfrentando.

**Passo 3: Seja proativo e orientado à solução**

Embora você possa estar tentado a brigar com seu filho por causa do problema atual, isso não vai exatamente incentivá-lo a se abrir com você no futuro. Em vez disso, tente deixar de lado as suas próprias reações emocionais para conseguir resolver o problema em si com uma abordagem proativa e orientada à solução.

Com alguns problemas, como a gravidez na adolescência e a dependência química, você mesmo pode precisar de mais orientação de uma fonte confiável e sem julgamentos. Para ajudá-lo a obter tais orientações, você poderá pesquisar nomes e lugares especializados (médicos, grupos de apoio) relevantes na internet, listas telefônicas, amigos, entre outras indicações.

Mesmo que um problema não possa ser literalmente "resolvido" (como no caso do luto), você ainda pode adotar uma abordagem proativa focada em lidar com a situação da forma mais prática e positiva possível. Por exemplo, você pode encorajar um filho nessa situação a voltar a uma rotina mais normal, e assim por diante. Adotar ações positivas de qualquer espécie quase sempre ajudará o filho a se sentir menos intimidado por uma situação difícil.

## Passo 4: Incentive seu filho a aprender com a experiência

Qualquer que seja a natureza exata da crise, encoraje seu filho a aprender algo a partir de toda essa experiência. Fazendo isso, você estará ensinando que mesmo as situações difíceis podem oferecer lições úteis na vida, que podem ser benéficas no futuro.

# Primeiros socorros para situações de crise comuns

## Perda

Em algum momento da vida todos nós temos de lidar com a morte de um amigo ou de um ente querido e passar pelo doloroso processo do luto. Para uma criança, o luto é uma experiência particularmente difícil e envolve todos os tipos de emoções, incluindo medo, negação, solidão, sentimento de perda, mágoa, sentimento de ter sido abandonado e um inapropriado sentimento de culpa.

É importante que você dê apoio durante o processo de luto – mesmo que seja apenas o luto pela morte de um peixinho dourado – e que você tranquilize o seu filho de que ele não tem culpa nenhuma. Ensine que a morte é um fato da vida e que, embora seja sempre muito desagradável para aqueles que são deixados para trás, é algo com o que todos temos de aprender a lidar.

Ensine a seus filhos que a melhor maneira de mostrar o amor deles por alguém que já morreu é viver a própria vida tão plenamente quanto possível, mas não espere que eles ajam sob essa perspectiva de imediato. O luto leva algum tempo, por isso, deixe que passem pelo processo corretamente e não se esqueça de lembrá-los de que você está lá para amá-los e apoiá-los por todo o caminho.

## Depressão e ansiedade

Quando a maioria das pessoas pensa em problemas psicológicos como depressão e ansiedade, tende a assumir que estes são exclusivos de adultos. Mas elas estão erradas. As crianças podem ficar tão deprimidas, ansiosas ou hiperativas quanto o resto de nós, e embora muitas vezes o humor delas acabe melhorando ao longo do tempo, quando o problema está em andamento é uma boa ideia certificar-se de que elas não estão sofrendo de um distúrbio fisiológico ou de saúde mental.

É importante que saibamos isso, porque se estiver ocorrendo um transtorno verdadeiro, nenhuma insistência para que a criança "se recomponha" terá efeito. Ao contrário, se a criança se sente mal e não sabe o porquê, ele ou ela simplesmente vai se sentir culpado por não conseguir "resolver a própria dificuldade", como sugere o pai.

Sua primeira alternativa deve ser consultar o seu clínico geral, que começará por avaliar a saúde física do seu filho. Às vezes, o humor é afetado por problemas subjacentes de saúde, por isso, é importante verificar isso antes de ir mais longe. Se não há razões físicas para a depressão ou a ansiedade, o clínico geral decidirá então se o problema deve ou não ser encaminhado para algum especialista em Psicologia Infantil. Consultar um profissional especializado em saúde mental acerca de um transtorno de humor não é mais incomum do que consultar um nutricionista para obter informações sobre um problema de peso, por isso, se considerado necessário, não se esqueça de seguir a determinação sugerida pelo médico.

### As drogas e o seu consumo

As drogas e o seu consumo são coisas cada vez mais comuns no Brasil. Quer se trate de fumar maconha, cheirar cola ou tomar ecstasy em uma festa, os filhos estão colocando suas vidas em risco com muito mais frequência do que imagina a maioria dos pais.

Os filhos experimentam drogas pelas mesmas razões que os adultos bebem ou fumam – ou porque querem mudar o modo como se sentem ou porque querem "integrar-se" aos amigos que estão fazendo o mesmo. Portanto, é importante educar os filhos sobre as drogas e seus perigos, em vez de simplesmente esperar que o assunto jamais venha à tona.

Se você descobrir que seu filho está usando drogas – tanto as ilícitas (como a maconha) quanto as legais (como o álcool) –, você precisará ter uma conversa séria sobre as consequências desse ato. Não basta apenas dizer que as "drogas podem matar", mas realmente explorar as questões, tanto quanto o seu filho for capaz de entender. Nessa situação, obter mais informações e apoio é essencial.

### Distúrbios alimentares

É uma suposição comum a de que os distúrbios alimentares são um problema relativamente recente, mas o fato é que tanto a anorexia nervosa como a bulimia nervosa estão presentes há séculos. Foram nomeadas como condições clínicas em 1873 e 1979, respectivamente.

A anorexia nervosa é um distúrbio alimentar que, de acordo com a Organização Mundial da Saúde, "é caracterizada pela perda deliberada de peso, intencional, induzida e/ou mantida pelo paciente". É mais comum em adolescentes do sexo feminino e mulheres jovens, embora os meninos, os homens e as mulheres de todas as idades possam ser afetados. Inicialmente, a condição pode ser observada como um imenso desejo de ser mais magro, e isso tende a resultar em restrições alimentares e/ou em um aumento nos exercícios para queimar o "excesso" de calorias. No entanto, se essas atitudes drásticas continuam, podem surgir alterações químicas reais em ambos os sistemas, fisiológico e neurológico, tornando extremamente difícil a recuperação. Se deixada sem tratamento, a anorexia nervosa pode resultar em morte.

A bulimia nervosa é outro distúrbio alimentar que, de acordo com a Organização Mundial da Saúde, "é caracterizada por acessos repetidos de hiperfagia e por uma preocupação excessiva com o controle do peso corporal, levando o paciente a adotar medidas extremas de forma a atenuar os efeitos de 'engordar' causados pela comida ingerida". Essas medidas extremas incluem provocar vômito, tomar laxantes ou fazer ambos. Não há uma única razão pela qual alguém deva sofrer tais transtornos alimentares, embora possam ser "desencadeados por incidentes" que marcam seu início.

Todas as desordens alimentares necessitam de atenção e intervenção médica, portanto, se o seu filho ou filha já admitir "compulsão e purgação" ou fizer dieta de forma excessiva, será uma boa ideia conversar sobre o assunto com um clínico geral num primeiro momento.

## Gravidez

A experiência com a sexualidade entre os jovens é ainda mais comum do que a experiência com as drogas, e isso, naturalmente, significa que algumas meninas menores de quatorze anos de idade ficam grávidas. Relações não consensuais são, obviamente, uma questão de polícia e devem ser comunicadas imediatamente. Caso sua filha admita ter tido relação sexual totalmente consensual, resista a qualquer tentação de julgar ou criticar e concentre-se em adotar medidas de apoio. Um teste de gravidez é essencial, mas visitar o médico da família é uma opção muito melhor do que usar um kit de teste de gravidez, por causa de implicações mais complexas psicológicas e práticas de uma gravidez na adolescência.

Se sua filha não está grávida, você deve sentar e discutir o assunto sexo com ela de uma forma muito prática. Lembrá-la da posição legal do sexo para menores de quatorze anos e dos benefícios da abstinência. Mas também forneça muita informação sobre a contracepção, caso ela decida continuar tendo relações sexuais.

Se sua filha está grávida, então, obviamente, a situação é ainda mais complexa. Você terá de ajudá-la a tomar algumas decisões muito difíceis e provavelmente vá precisar de algum apoio para si próprio – portanto, siga quaisquer recomendações dadas pelo seu médico e também consulte, se possível, alguma organização profissional.

## Resumo do Capítulo 18

Às vezes é difícil ser um grande pai, e não importa quão grande você seja, sempre haverá o risco de algo o pegar de surpresa.

Apesar da enorme diversidade de problemas que pode surgir, existem vários passos que você pode seguir para ajudar o seu filho, não importa o tipo de crise que ele ou ela esteja enfrentando.

- 1: Identifique a crise.
- 2: Comunique e assegure ao seu filho que:
  - Os problemas são sempre menos formidáveis quando são compartilhados, mas eles podem parecer impossíveis de resolver quando tentamos enfrentá-los sozinhos.
  - Esperar que o problema se resolva sozinho com o tempo resulta geralmente no agravamento do problema. A única maneira de passar por uma crise ou superar um problema é enfrentá-lo e tomar as medidas necessárias para resolvê-lo.
  - Você está ao lado dele e, mesmo que você discorde das ações ou perspectivas do seu filho, você fará o seu melhor para ajudá-lo a resolver qualquer problema ou assunto que ele esteja enfrentando.
- 3: Seja proativo e orientado à solução.
- 4: Incentive seu filho a aprender algo com a experiência.

# CAPÍTULO 19
## VIVENDO SEPARADOS

Nos capítulos anteriores, assumimos que você mora com a sua companheira e os seus filhos e, portanto, se esforce para ser um grande pai *in loco*. Embora esse pressuposto seja válido para muitos pais, uma quantidade crescente está tendo de se adaptar à vida longe dos filhos após o divórcio ou a separação. Embora viver separado implique em mais problemas do que viver junto (por causa das regras de acesso e assim por diante), ainda é perfeitamente possível ser um grande pai, se você agir da maneira certa. Há uma série de princípios básicos que podemos considerar para ajudá-lo nessa área.

## OITO PRINCÍPIOS BÁSICOS

### Princípio 1: Entenda as consequências emocionais da separação e do divórcio

Nunca é fácil se separar ou se divorciar, e todos os envolvidos vão experimentar algum tipo de emoção dolorosa. Para os pais, isso frequentemente leva ao sentimento de "luto", da perda de contato contínuo com seus filhos, e a gama de emoções experimentadas aqui tende a seguir o mesmo padrão experimentado por aqueles que passam por qualquer outra perda importante. Entender esse padrão vai ajudá-

-lo a ver sua posição atual em um contexto maior e, consequentemente, a ver uma luz no fim do túnel.

Primeiro, você ficará emocionalmente afetado pela ausência dos seus filhos. Poderá sentir vontade de chorar, berrar, gemer ou atacar algo ou alguém. O melhor modo de passar por essa fase é permitir-se chorar ou ir a uma praia deserta e gritar e berrar. Se sentir vontade de bater em alguém, vá para a academia e soque o saco de areia ou extravase sua agressão em um aparelho com pesos. Você vai se recuperar bem mais rápido caso se permita liberar essas emoções do que se tentar superá-las.

Após essa onda inicial de emoções, alguns pais podem sentir raiva ou ressentimento em relação a outras pessoas que podem ser consideradas "responsáveis" pela situação – geralmente a ex-mulher ou o sistema jurídico que determinou a guarda e as regras de acesso aos filhos. Embora essa quantidade enorme de raiva seja compreensível, você precisa entender que ir contra o sistema ou quebrar as regras só vai piorar as coisas. A melhor maneira de lidar com essa fase da emoção é escolher ser o melhor pai que puder dentro dos parâmetros da lei e provar que você é mais forte do que as circunstâncias pelas quais está passando.

A fase final normalmente é uma experiência de aceitação. É quando você finalmente aceita a nova situação e, portanto, está pronto para passar a viver sua vida de um modo diferente. Em vez de se preocupar com o que costumava ser a norma, você se concentra no que é a norma agora e se esforça para fazer o melhor.

### Princípio 2: Esteja envolvido tanto quanto puder

Embora possa haver restrições na quantidade de acesso que terá aos seus filhos, você deve estar envolvido na vida deles tanto quanto puder. Apoie-os na escola participando dos eventos esportivos, concertos de Natal e jogos de futebol ou handebol. Se possível, participe das reuniões de pais. Aproveite cada oportunidade para ver seus filhos e – na medida do possível – faça todo o possível para dar ao seu relacionamento com os seus filhos o tempo e a atenção que ele merece.

### Princípio 3: Não dependa do apoio da sua ex-esposa

Mesmo que a decisão da separação ou do divórcio tenha sido amigável, você não deve esperar o apoio contínuo da sua ex-mulher. Isso não quer dizer que você não terá apoio, mas que simplesmente não deve contar com isso. Quanto mais cedo você começar a viver como um homem solteiro, independente, melhor será para você e para os seus filhos.

### Princípio 4: Crie uma rede de apoio alternativa

Não pense que você não precisa de nenhum apoio, porque precisa. Crie uma rede de apoio alternativa; reforçar antigas amizades é sempre uma boa ideia e vai ajudá-lo a desfrutar dos aspectos da vida que não envolvem os filhos. Participar de uma organização de apoio local criada especificamente para pais que vivem longe de seus filhos também é uma boa ideia. Caso não exista nenhum grupo local, considere procurar organizações ou grupos próximos ao seu bairro.

### Princípio 5: Cuide dos interesses dos seus filhos

Um erro comum entre pais separados é o objetivo de marcar "pontos", um contra o outro. Por exemplo, uma mãe pode proibir o fast-food, e o pai vai lá e leva os filhos para comer *"tudo o que conseguirem"* na pizzaria local. Isso o ajudará, provavelmente, a ser mais popular com os filhos, mas tal popularidade é apenas temporária e não é, de forma alguma, a melhor coisa para os filhos em longo prazo.

Seu papel como grande pai não muda porque você vive separado dos seus filhos. Seu trabalho ainda é ser o melhor pai possível, mesmo que isso signifique ficar em segundo lugar. Enquanto estiver com seus filhos, ofereça o mesmo alto padrão de criação que você daria se não estivesse vivendo separado deles.

### Princípio 6: Promova relações saudáveis

Apesar de você já não viver com a sua ex-esposa, o seu filho ou a sua filha ainda deve crescer amando e respeitando ambos os pais. Você deve ser cuidadoso e falar de modo sensato sobre a sua ex-mulher quando estiver perto dos seus filhos e deve incentivá-los a tratar a mãe com o mesmo tipo de respeito demonstrado a você. O problema em usar os filhos como "peões" em batalhas entre pais separados é que eles sofrem e ninguém é beneficiado com isso. A promoção deliberada de relações saudáveis para todos permitirá que você mantenha os canais de comunicação abertos com a sua ex-parceira, e isso naturalmente resultará em uma situação mais estável para todos os envolvidos.

### Princípio 7: Não se desgaste com pequenas coisas

Quando vivia com a sua esposa, você teve o direito de estar envolvido em todos os aspectos da vida do seu filho, desde a escolha do que comer no café da manhã até a hora de ele ou ela ir para cama. Isso muda quando você vive separado, e pode ser que você precise não se envolver em coisas com as quais não concorda. O modo mais fácil para fazer isso é adotar o lema do autor norte-americano Richard Carlson: "Não se desgaste com as pequenas coisas". Em outras palavras, aprenda a ignorar assuntos triviais dos quais você discordou anteriormente e enfrente a sua ex-esposa apenas com relação a coisas realmente importantes, como a escolha da escola ou as regras sobre os limites de um comportamento aceitável. Essa abordagem tornará a sua vida um pouco menos estressante do que se tivesse de desafiá-la sempre.

## Princípio 8: Converse com a sua ex regularmente

Se ela estiver disposta, é uma boa ideia criar uma rotina de comunicação regular com a sua ex-companheira (como uma vez por quinzena ou uma vez por mês), para que vocês possam sentar e discutir a vida e o progresso dos seus filhos e tomar decisões importantes juntos. Isso pode não parecer muito divertido, especialmente se vocês se separaram em termos não amigáveis. Mas, se você conseguir colocar de lado as diferenças pessoais, a fim de focar o bem-estar dos seus filhos, descobrirá que a vida como um pai que não mora junto pode ser muito mais fácil.

Embora um guia completo para pais após um divórcio ou uma separação esteja fora do escopo deste livro, esses oito princípios básicos devem ser úteis para você. No entanto, para um olhar mais aprofundado sobre a questão do divórcio e da separação e seus efeitos sobre os filhos, recomendo o livro *Quando os pais se separam* de Marge Eaton Heegard.

## Resumo do Capítulo 19

Embora viver separado apresente mais problemas que viver junto, ainda é perfeitamente possível ser um grande pai se você abordar as questões da forma correta. Há oito princípios básicos para ajudá-lo nessa área:

- 1: Entenda as consequências emocionais da separação e do divórcio.
- 2: Esteja envolvido tanto quanto puder.
- 3: Não dependa do apoio da sua ex-esposa.
- 4: Crie uma rede de apoio alternativa.
- 5: Cuide dos interesses dos seus filhos.
- 6: Promova relações saudáveis.
- 7: Não se desgaste com pequenas coisas.
- 8: Converse com a sua ex regularmente.

# Capítulo 20
## Lidando com necessidades especiais

> *"A vida é o que acontece quando você está ocupado fazendo outros planos."*
> John Lennon

Quer gostemos ou não, a vida nem sempre segue conforme planejada. Podemos fazer todos os preparativos que desejamos para o futuro, mas às vezes o inesperado acontece e um futuro completamente diferente surge diante de nós de repente.

Se você é pai de uma criança com necessidades especiais, então sabe muito bem do que estou falando. Um dia você está sonhando com aquela pessoa de "chegada iminente" crescendo para se tornar um jogador de futebol de um time famoso, um cientista que estuda foguetes premiado com o Nobel ou uma campeã de kickboxing feminino e, em seguida, o seu filho nasce e você percebe que nenhuma dessas coisas é muito provável, porque ele ou ela simplesmente não está preparado(a) para jogar futebol ou fazer descobertas da ciência sobre foguetes.

Ter um filho com necessidades especiais apresenta uma série de desafios, mas também pode fornecer uma quantidade ímpar de experiências positivas. Este conciso capítulo explora algumas das principais questões para aqueles que descobrirem que, como John Lennon disse em sua famosa frase, "A vida é o que acontece quando você está ocupado fazendo outros planos".

## O QUE SÃO AS NECESSIDADES ESPECIAIS?

"Necessidades especiais" é o termo utilizado para cobrir uma área extremamente vasta, mas neste capítulo me refiro especificamente às crianças que nascem com doenças físicas e/ou mentais mais graves, por exemplo, autismo, cegueira, surdez, espinha bífida, paralisia cerebral e – como no caso do meu filho caçula – síndrome de Down.

Dizemos que uma criança tem necessidades especiais porque isso é muito mais preciso do que usar a própria condição como um rótulo de identificação. Dizer que "Pedro tem espinha bífida" é quase tão preciso quanto dizer "Pedro tem o cabelo castanho". É um absurdo. Pedro pode ter espinha bífida e pode ter cabelos castanhos, mas no final das contas ele é simplesmente o Pedro. Isso pode soar nada mais que semântico para quem está lendo este capítulo mais por curiosidade e não porque ele é relevante para a sua própria situação, mas para o Pedro e aqueles que o conhecem isso faz toda a diferença.

## DESCOBRINDO

Embora os exames de rotina durante a gravidez ajudem os médicos a diagnosticar que algumas crianças terão necessidades especiais antes de nascer, em muitos casos, ninguém está ciente da situação até que o bebê tenha nascido. Se um médico suspeita que o recém-nascido tenha necessidades especiais (nem sempre é óbvio, qualquer que seja o teste), então o filho ou a filha será examinado(a) ainda mais para que um diagnóstico definitivo consiga ser feito o mais rapidamente possível. Os médicos sempre tentam dar a notícia aos pais da forma mais suave e menos impactante possível, mas a notícia sempre vem como um choque, e os pais reagem de diversas formas. Alguns ficam horrorizados, outros se irritam e procuram alguém em quem jogar toda a culpa (mesmo que seja em si próprio), alguns choram, outros negam que haja algo de errado e alguns aceitam as notícias do próprio jeito.

Não há um jeito "certo" ou "errado" de reagir a esse tipo de notícia, mas há várias coisas que você pode ter em mente para ajudá-lo a manter as coisas sob uma determinada perspectiva, se algum dia você receber tal notícia.

- *Você não está sozinho.* Há muito mais crianças com necessidades especiais no mundo do que você imagina, portanto, não pense que vocês são o único casal vivenciando isso.
- *Nem tudo é má notícia.* Existem milhares de outros pais no Brasil e no mundo que me apoiam quando eu digo que as crianças com necessidades especiais podem desfrutar de uma vida muito feliz e gratificante.
- *Não é sempre tão difícil assim.* Mesmo que cuidar de um filho com necessidades especiais possa ser,

sem dúvida, algo difícil às vezes, certamente não é sempre assim. O que hoje consideramos difícil acabará por se tornar relativamente fácil, ou pelo menos comum, e criar o seu filho será um privilégio e uma alegria como o é para todo mundo.

Você terá muito suporte em todas as áreas: apoio financeiro, apoio pedagógico, apoio emocional – qualquer tipo de apoio de que você precisar.

## Aceitando e adaptando

Há duas coisas a fazer quando algo inesperado acontece na vida. Você pode tentar negar a realidade e esperar que em breve você acorde do que espera ser um sonho ruim, ou você pode aceitar a nova situação e se adaptar a ela. A primeira opção leva à frustração, à dor emocional e ao ressentimento. A segunda opção permite o seu avanço com uma perspectiva mais proativa e positiva em mente. Aprender a aceitar a nova situação e adaptar-se a ela não acontece da noite para o dia, mas certamente vai acontecer muito mais rápido se você tomar uma decisão consciente de seguir em frente por esse percurso mais saudável.

### Obtendo conselhos e apoio

A partir do momento em que for confirmado que a criança tem uma necessidade especial, você receberá imediatamente oferta de ajuda, orientação, aconselhamento e apoio que jamais poderia esperar. É uma boa ideia aceitar essa ajuda, uma vez que os primeiros dias como pais serão, obviamente, os mais difíceis no que concerne à adaptação à nova situação. A ajuda oferecida vai assumir diversas formas conforme a criança ficar mais velha, mas geralmente ela inclui:

- ajuda para solicitar algum tipo de benefício para deficientes ao qual o seu filho tem direito;
- aconselhamento e apoio emocional, muitas vezes incluindo o contato opcional com outros pais que, como eu, já passaram por isso e podem dizer com conhecimento de causa como tirar as manchas da sua camiseta;
- ajuda na obtenção de quaisquer itens especiais de equipamento que você possa precisar, como ajustes especiais para camas, assentos sanitários, acessórios de proteção ou ajuste do carro e carrinho de passeio e assim por diante;
- exames médicos, se necessário. Embora muitas crianças com necessidades especiais tenham a saúde perfeita, além da "necessidade especial", algumas também podem passar por complicações de saúde que precisem ser avaliadas em uma base regular. Por exemplo, não é algo incomum uma criança com síndrome de Down também ter problemas de coração;
- um convite para participar de um grupo de apoio geral de pais que estão em situação semelhante, embora provavelmente não com as mesmas questões

de "necessidades especiais" que as suas. Participar ou não de um grupo por muito tempo é uma escolha totalmente sua, mas a maioria dos pais se beneficiaria só de, pelo menos, explorar a opção antes de tomar uma decisão.

A qualquer momento, se você precisar de apoio, aconselhamento ou orientação não oferecida automaticamente (como respostas às perguntas sobre o futuro), não hesite em falar e perguntar. Embora o seu médico faça o melhor que ele pode para passar a quantidade mais completa de informações, ele não consegue ler a mente alheia, e é sua a responsabilidade de tomar a iniciativa e pedir mais informações ou ajuda, como e quando você precisar dela.

**Morando com seu filho**

Alguns leitores podem se sentir ofendidos pela atitude bastante positiva que adotei neste capítulo até agora. Peço desculpas se você é um deles, mas por experiência própria eu posso dizer que enfrentar tudo isso com leveza e com uma abordagem otimista é muito melhor do que focar somente os aspectos negativos de uma situação – e isso se aplica especialmente à sua vida cotidiana.

Morar com uma criança que tem necessidades especiais é muito parecido com morar com qualquer outra criança, mas um pouco mais difícil às vezes. Elas querem as mesmas coisas que as outras crianças (amor, apoio, diversão, incentivo e assim por diante), mas vão precisar de um pouco de ajuda extra nas áreas afetadas por sua condição específica. Uma criança com deficiência visual precisará que você fale com ela e toque-a mais para que ela esteja plenamente consciente da sua presença. Uma criança com deficiência auditiva precisará que você seja mais consciente das suas expressões visuais. Além desses casos "extras" específicos, eis alguns princípios mais gerais que você pode seguir para extrair o máximo de prazer e satisfação da sua nova situação:

- *Aproveite cada dia com o seu filho.* A vida não se trata do que vai acontecer no próximo mês, no próximo ano ou na próxima década. Mas sim do que acontece hoje, no momento presente. Tome uma decisão consciente de curtir o seu filho no dia a dia, fazê-lo gargalhar ou sorrir no dia a dia, dar abraços e beijos diariamente. Permita que os seus filhos saibam que você os ama exatamente como eles são.
- *Não o subestime.* Embora o fato de que existe uma "necessidade especial" de algum tipo afete obviamente a capacidade da criança em certas áreas, isso não significa que ele ou ela não conseguirá perfeitamente brilhar em outras áreas. Podemos incentivar um filho com deficiência visual a cantar, contar histórias e aprender braile. Podemos incentivar um filho com deficiência auditiva a fazer mímica, ler e aprender a usar a língua de sinais. Podemos incentivar um filho com síndrome de Down a correr, pular e dançar. Lembre-se,

toda vez, de que uma criança com necessidades especiais exige tanto incentivo para fazer determinada coisa como qualquer outra criança. Embora o potencial dela possa não ser igual ao das demais, ela ainda precisa alcançar esse potencial, portanto, incentive o seu filho a cada oportunidade que tiver.
- *Não espere que ele seja um anjinho.* Há uma crença equivocada de que uma criança com necessidades especiais de alguma forma perde o gene da "traquinagem". Não, ela não perde. As crianças com necessidades especiais podem ser tão traquinas como as demais e, conforme elas crescem, ainda precisam aprender – na medida em que conseguem compreender, é claro – a diferença entre o certo e o errado, e o que é um comportamento aceitável. Naturalmente, as crianças com habilidades de aprendizagem mais lentas vão demorar mais tempo para entender essas coisas, e você provavelmente terá de ser muito mais paciente com o comportamento delas. Mas não fique sentado e deixe-as fazer tudo do jeito que querem o tempo todo. Se fizer isso, você vai se arrepender.
- *Se você tiver mais de um filho, esteja consciente da forma como divide sua atenção entre eles.* Já mencionei a rivalidade entre irmãos em outros momentos, mas pode ser mais um problema nessa situação, por motivos óbvios. Sair com os seus filhos juntos ou brincar com eles juntos é definitivamente uma coisa boa, mas, às vezes, é uma boa ideia dar a cada um deles 100% da sua atenção por um tem-

po para que eles não se sintam como se estivessem em uma competição.

- *Quando o seu filho ficar mais velho, você pode obter algo chamado de "assistência temporária".* Isso significa o seu filho estar sob os cuidados de um profissional em necessidades especiais (ou uma equipe de profissionais) por um tempo para que você e o restante da família possam ter uma folga da responsabilidade extra vivida a cada dia. Algumas famílias têm duas horas de assistência temporária no intervalo de poucas semanas, de modo que uma criança com necessidades especiais possa ser levada a um centro de diversões ou ao parque, por exemplo. Outras famílias optam por uma semana de assistência temporária a cada ano ou dois – nesse caso, a criança com necessidades especiais pode ser levada para um centro de férias ou similar. A quantidade de assistência temporária que lhe é oferecida ou que você escolhe utilizar varia obviamente de acordo com as suas circunstâncias pessoais, mas considere aproveitar esse serviço, se e quando aplicável.

## Palavras finais

Cuidar de uma criança com necessidades especiais pode ser tão fácil ou tão difícil quanto você optar por fazê-lo, e essa escolha é feita por meio da atitude mental que você adota em sua vida. Se você se concentrar exclusivamente em todos os aspectos negativos – no que o seu filho ou a sua filha não pode fazer, não será capaz de fazer e, possivelmente, no que ele ou ela vai perder –, você tornará as coisas muito mais difíceis para si próprio. Mas se, após conhecer os aspectos negativos, você decidir focar os aspectos positivos – o que seu filho pode fazer, vai aprender a fazer e, eventualmente, será capaz de desfrutar no futuro –, você verá que sua experiência com a paternidade será extremamente gratificante e significativa.

Não podemos controlar muito do que acontece externamente, mas temos o controle total sobre a forma como reagimos à realidade externa. Opte por uma atitude capacitadora e estará dando ao seu filho o presente mais precioso do mundo.

## Resumo do Capítulo 20

- Ter um filho com necessidades especiais apresenta uma série de desafios, mas também pode fornecer uma quantidade ímpar de experiências positivas.
- Há várias coisas que você pode ter em mente para ajudá-lo a manter as coisas sob uma determinada perspectiva, se você recebeu a notícia de que o seu filho tem necessidades especiais, saiba que:
  - Você não está sozinho.
  - Nem tudo é má notícia.
  - Não é sempre tão difícil assim.
  - Você vai obter muito suporte em todas as áreas.
- Aprenda a aceitar a nova situação e adaptar-se a ela para que consiga avançar com uma perspectiva mais proativa e positiva em mente.
- A qualquer momento, se você precisar de apoio, aconselhamento ou orientação que não foram automaticamente oferecidos, não hesite em falar e perguntar ao seu médico.
- Existem alguns princípios gerais que você pode seguir para extrair o máximo prazer e satisfação de sua nova situação:
  - Aproveite cada dia com o seu filho.
  - Não o subestime.
  - Não espere que ele seja um anjinho.
  - Se você tiver mais de um filho, esteja consciente da forma como divide sua atenção entre eles.

# Capítulo 21
## Aborto natural e natimorto

Embora o aborto natural seja algo bastante comum, poucas pessoas falam sobre o assunto e, como resultado, as mulheres que vivenciam tais situações podem acabar se sentindo isoladas e solitárias. Este conciso capítulo fornecerá alguns fatos importantes sobre aborto natural e natimortos; além disso, também oferecerá sugestões sobre como os homens podem dar suporte às suas esposas – e a si mesmos – nesse momento difícil. Gostaria de agradecer à *Miscarriage Association* por sua gentil permissão para fazer citações diretas de algumas das suas publicações neste capítulo.

### Alguns fatos sobre aborto natural e natimorto

Tanto o aborto natural como o natimorto referem-se à interrupção espontânea de uma gravidez. Aborto natural (ou espontâneo) é o termo usado para a gravidez que termina antes de 24 semanas, e natimorto é o termo usado para aquelas que terminam após 24 semanas. Estima-se que 75% dos abortos acontecem nas primeiras doze semanas de gravidez. De acordo com a *Miscarriage Association*:

- Mais de uma em cada cinco gestações acaba em aborto espontâneo. Isso equivale a cerca de um

quarto de um milhão no Reino Unido a cada ano.
- Qualquer mulher que corra o risco de ficar grávida também corre o risco de sofrer um aborto natural. Pode acontecer a qualquer uma.
- A maioria das mulheres nunca sabe o que causou o aborto. As investigações são geralmente limitadas para as mulheres que tiveram três ou mais abortos espontâneos. Mesmo após as investigações, em muitos casos, nenhuma causa específica é encontrada.
- É comum as mulheres que abortaram terem altos níveis de ansiedade em relação a uma gravidez subsequente.
- Mesmo depois de vários abortos, a maioria das mulheres tem uma boa chance de ter uma gravidez bem-sucedida.

**Quais são as possíveis causas?**

Como vimos há pouco, a maioria das mulheres nunca sabe exatamente o que as levou a abortar. No entanto, os médicos especialistas concordam, de forma geral, que há uma série de possíveis causas, incluindo:

- ocorrência de anomalias genéticas aleatórias;
- rejeição espontânea da placenta pelo sistema imunológico;
- doença ou infecção grave, irregularidades hormonais.

## AJUDANDO A SUA COMPANHEIRA E A SI MESMO APÓS SOFREREM UM ABORTO

Um aborto espontâneo é uma perda bastante real para os dois, e evitar o assunto ou esperar que a dor cure sozinha e de forma automática não é nada útil. Eis algumas ideias sobre como você pode ajudar a si mesmo e a sua parceira nesse processo de cura:

- *Descanse.* A sua parceira precisará de descanso físico após um aborto espontâneo, e você deve apoiá-la nesse momento. Se necessário, tire alguns dias de folga para que os dois passem algum tempo juntos para entenderem o que houve.
- *Converse.* Embora seja, frequentemente, tentador para os homens se isolar e lidar com as próprias emoções sozinhos, sentar e conversar sobre o que ocorreu com a sua companheira é uma opção muito melhor, pois isso vai ajudá-los a entender e enfrentar o que houve como um casal e também a fortalecer o relacionamento ainda mais nesse momento difícil.
- *Não culpe ninguém.* Os abortos são comuns, e não existe nenhuma causa aparente que possa ser identificada automaticamente, portanto, não se culpe – e nem aos outros – pela perda.
- *Não reprima ou crie emoções.* Algumas pessoas – tanto homens como mulheres – sofrem bastante depois de um aborto. Outras ficam extremamente tristes e decepcionadas. Não existe maneira certa ou errada de reagir, por isso, não tente controlar os seus

sentimentos de pesar ou criar sentimentos de culpa porque você não acha que está reagindo de forma adequada. Dê tempo a si mesmo e à sua esposa para que os dois consigam lidar com quaisquer que sejam as emoções sentidas nesse momento.
- *Consiga apoio.* Se você quiser apoio ou alguém com quem conversar, procure um grupo local ou entre em contato com algum serviço especializado.
- *Tenha esperança.* Embora seja obviamente muito difícil ser otimista em relação ao futuro após um aborto, tente se lembrar de que a probabilidade de uma próxima gravidez correr naturalmente até o fim são realmente muito boas.

## Resumo do Capítulo 21

- Tanto aborto espontâneo como natimorto referem-se à interrupção espontânea de uma gravidez. Estima-se que 75% dos abortos aconteçam nas primeiras doze semanas de gravidez.
- Um aborto é uma perda bastante real para os dois. Você pode ajudar a si mesmo e à sua companheira da seguinte forma:
    - garanta que ela tenha a quantidade de descanso físico de que ela precisa;
    - converse sobre o ocorrido juntos;
    - aceite a situação sem tentar atribuir a culpa pelo ocorrido a ninguém;
    - permita que qualquer emoção que ambos sintam seja vivida e expressada;
    - obtenha o apoio de um grupo local ou de uma associação especializada;
    - tenha esperança no futuro.

# Posfácio

Livros instrutivos como este são muito parecidos com martelos. Eles podem ser extremamente valiosos se nós realmente os pegarmos e usarmos, mas são muito menos valiosos se tudo o que fizermos for colocá-los em uma prateleira e olhar para lá de longe. Já que você foi de encontro ao problema e não só pegou este livro como o leu até este posfácio, espero que dê o passo final e comece a aplicar tudo o que aprendeu ao seu papel de grande pai.

Ser um grande pai é um processo, não um objetivo final. Quanto mais tempo você viver e aplicar os princípios descobertos aqui, melhor você será. Se os seus filhos se tornarem pais algum dia, eles estarão mais propensos a ser melhores ainda. Não porque a grandeza é genética, mas simplesmente porque você trabalhou duro para ser o modelo de excelência que eles precisavam.

Ao seguir em frente, tenha como objetivo viver de acordo com as oito principais características da grandeza paternal que olhamos detalhadamente no Capítulo 1:

- O grande pai dá amor incondicional.
- O grande pai fala abertamente.
- O grande pai passa um tempo com seus filhos.
- O grande pai é paciente.

- O grande pai dá o bom exemplo.
- O grande pai sabe como se divertir.
- O grande pai sustenta seus filhos.
- O grande pai tem compromisso com a grandeza.

Ao encarnar esse papel e aplicar os princípios lidos neste livro, você vai descobrir que se tornar um grande pai é muito mais fácil do que a maioria das pessoas imagina.

Feito para sua inevitável grandeza!

## Sobre o autor

Por mais de quinze anos, o consultor profissional e autor Ian Bruce tem ajudado pessoas em todo o mundo a atingir seus objetivos e experimentar o sucesso nos níveis mais altos – em suas vidas financeiras, na carreira profissional, nos relacionamentos e, claro, como pais.

Todos os leitores de *Meu pai, meu herói* podem assinar a newsletter de Ian por e-mail, semanal e gratuita, que explica como ser um grande pai em todas as áreas da vida. Você também pode escolher ser treinado por Ian Bruce pessoalmente, por telefone ou pelo novo conceito de treinamento por e-mail desenvolvido para aqueles que têm uma agenda particularmente difícil.

Dê uma olhada nos depoimentos recebidos de apenas alguns dos clientes de Ian...

*"Eu dei muito trabalho ao Ian por causa das minhas circunstâncias pessoais, mas ele conseguiu me ajudar a lidar com tudo o que eu apresentei. Definimos tarefas gerenciáveis em cada sessão, e isso me ajudou a focar a cada semana. Tivemos até nossos momentos de diversão, o que realmente me animou! Olho para trás e vejo isso como experiência muito positiva que me ajudou a seguir em frente na direção exatamente de onde eu quero estar."*

*"A experiência de treinamento com Ian tem sido incrivelmente positiva e proveitosa. Tenho me beneficiado não só das sessões semanais de treinamento, mas também da mudança de perspectiva que Ian me ajudou a desenvolver. Não hesito sequer por um segundo em indicá-lo como treinador pessoal. Ian não faz julgamentos ou manda; ele é efetivo e capacitador, garantindo, assim, que eu, como cliente, enxergue meu próprio potencial e – direto ao ponto – vá e faça algo com isso!"*

*"Excelente. Ser treinado por Ian durante seis semanas me ajudou a transformar a minha vida de forma incrível, quase irreconhecível. Estou mais saudável, mais sexy, mais feliz e ganhando muito mais dinheiro!"*